Pâques en Galilée

Du même auteur

Sagesse d'un pauvre, Éditions Franciscaines, 1959. Réédition Desclée de Brouwer, 1991.

Exil et Tendresse, Éditions Franciscaines, 1962.

Le Cantique des créatures ou les Symboles de l'union, Desclée de Brouwer, 1970.

Le Chant des sources, Éditions Franciscaines, 1976.

Le Peuple de Dieu dans la nuit, Éditions Franciscaines, 1976. Réédition Desclée de Brouwer, 2003.

François d'Assise. Le retour à l'Évangile, Desclée de Brouwer, 1981. Réédition 1998.

Matthias Grünewald. La nuit est ma lumière, Desclée de Brouwer, 1981. Réédition 1994.

Le Royaume caché, Desclée de Brouwer, 1987.

Dieu plus grand, Desclée de Brouwer, 1990.

Rencontre d'immensités, Desclée de Brouwer, 1993.

Un maître à prier : François d'Assise, Éditions Franciscaines, 1993.

Chemin de contemplation, Desclée de Brouwer, 1995.

Le *Maître du désir. Une lecture de l'évangile de Jean*, Desclée de Brouwer, 1997.

Le Soleil se lève sur Assise, Desclée de Brouwer, 1999.

Jeanne Jugan, le Désert et la Rose, Desclée de Brouwer, 2000.

Chagall, un vitrail pour la paix, Éditions Fleurus-Mame, 2001.

Pâques en Galilée ou la rencontre du Christ pascal, Desclée de Brouwer, 2003.

Le Père immense. Une lecture de la lettre aux Éphésiens, Desclée de Brouwer, 2006.

Le Royaume révélé aux petits, Desclée de Brouwer, 2009.

Éloi LECLERC

Pâques en Galilée
ou
la rencontre du Christ pascal

DESCLÉE DE BROUWER

10, rue Mercoeur
75011 Paris
ISBN : 978-2-220-05299-1

Introduction

En 1971 paraissait, dans la revue *Lumen Vitae*, un article très court, intitulé « Retournons au printemps de la vie », sous la plume du métropolite Antoine Bloom, exarque du patriarcat de Russie pour l'Europe occidentale.

Cet article rapide et lumineux comme l'éclair, attira mon attention sur un aspect du message pascal, souvent laissé dans l'ombre.

« Je ne sais, écrit Bloom, si vous avez jamais remarqué qu'à la fin de l'évangile selon saint Matthieu au vingt-huitième chapitre, le Seigneur commande à ses disciples de retourner en Galilée : "C'est là, dit-il, que vous me retrouverez." Nous passons outre parce qu'il nous semble indifférent que ce soit là ou ailleurs que se trouve le Seigneur... »

À la suite de cet article, je me suis plongé dans les différents textes évangéliques qui relatent l'annonce de la résurrection du Seigneur.

Dans l'évangile selon saint Matthieu, comme en celui de saint Marc, l'ange annonce aux femmes venues au tombeau de bon matin, le jour de Pâques, que Jésus le crucifié n'est plus là, car il est ressuscité : « Ne craignez point : je sais bien que vous cherchez Jésus le Crucifié. Il n'est pas ici, car il est ressuscité comme il l'avait dit. Venez voir l'endroit où il reposait... » (Mt 28,5-6 ; Mc 16,5-6).

Et aussitôt après, l'ange leur confie cette mission : « Vite allez dire à ses disciples : Il est ressuscité d'entre les morts, et voici qu'il vous précède en Galilée ; c'est là que vous le verrez » (Mt 28,7 ; Mc 16,7). Et l'évangile selon saint Matthieu ajoute : « Quittant vite le tombeau, tout émues et pleines de joie, elles coururent porter la nouvelle aux disciples » (Mt 28,8).

La nouvelle que les femmes ont pour mission d'annoncer aux disciples est donc double. Elle concerne à la fois le fait même de la résurrection de Jésus, et le lieu où ils doivent se rendre pour le revoir.

Le fait de la résurrection est par lui-même tellement énorme et bouleversant, tellement essentiel aussi, que la question du lieu de la rencontre avec le Ressuscité peut sembler secondaire. On n'en voit pas tout de suite l'importance ni la véritable signification. D'autant moins que, selon les évangiles de Luc et de Jean, Jésus est aussi apparu aux disciples à Jérusalem, le soir de Pâques.

Cependant, nous voyons que Jésus lui-même insiste sur le choix de la Galilée comme lieu privilégié de sa manifestation. Déjà, la veille de sa mort, il avait prévenu ses disciples, en leur disant : « Une fois ressuscité, je vous précéderai en Galilée » (Mc 14,28 ; Mt 26,32).

Et le matin de Pâques, tandis que les femmes s'empressent de porter aux disciples la nouvelle que l'ange leur a confiée, Jésus vient à leur rencontre et leur dit : « Je vous salue [...] ne craignez point. Allez annoncer à mes frères qu'ils doivent se rendre en Galilée. C'est là qu'ils me verront » (Mt 28,9-10).

Manifestement, selon Matthieu et Marc, la Galilée occupe une place unique dans l'annonce de la résurrection de Jésus. Elle est désignée comme le lieu privilégié de la manifestation pascale. Elle est l'horizon vers lequel les regards des disciples doivent maintenant se tourner.

On s'est beaucoup préoccupé de savoir comment concilier, harmoniser les différentes apparitions. Celles qui ont eu lieu en Galilée ont-elles précédé ou suivi celles de Jérusalem ? Les dernières études tendent à montrer que probablement les premières apparitions du Ressuscité au corps apostolique eurent lieu en Galilée. Mais notre problème n'est pas là. La question que nous nous posons est celle du sens même des apparitions en Galilée. Et il faut bien reconnaître que cette question n'a guère été posée.

Que signifie ce rendez-vous galiléen ? Pourquoi cette importance accordée à la Galilée ? Pourquoi ce choix ? Le Seigneur pouvait se manifester n'importe où. Pourquoi demande-t-il aux disciples, avec cette insistance, de retourner en Galilée, car « c'est là, dit-il, qu'ils le reverront » ? Ce rendez-vous est-il purement occasionnel ? Ou bien n'a-t-il pas un sens plus profond et même un sens permanent ? N'est-il pas constitutif de toute expérience pascale authentique ? Cette injonction du Christ ressuscité ne s'adresse-t-elle pas à tout disciple, aujourd'hui comme au temps apostolique ?

On peut bien sûr éluder toutes ces questions, en déclarant, comme l'a écrit un exégète, qu'il fallait bien que le Ressuscité rejoignît les disciples là où ils étaient, c'est-à-dire en Galilée, où ils avaient fui, effrayés par l'arrestation de leur Maître. L'ordre de l'ange (comme celui du Seigneur lui-même) ne serait qu'une invention des évangélistes *pour sauver l'honneur des disciples*, en attribuant leur présence en Galilée à un devoir d'obéissance à un ordre divin.

L'explication paraît bien légère. Les évangélistes, en effet, se sont peu souciés de *sauver l'honneur des disciples*, dans leur récit de la passion. Ces textes n'ont pas été écrits pour dissimuler quoi que ce soit, mais pour nous éclairer sur le mystère de Jésus. La meilleure manière de les aborder et de les comprendre est de les respecter.

On aura sans doute remarqué l'expression peu fréquente dans la bouche de Jésus, quand au matin de

Pâques, s'adressant aux femmes, il désigne ses disciples par le mot de *frères* : « Allez annoncer à mes frères, leur dit-il, qu'ils doivent partir pour la Galilée... » (Mt 28,10). L'appellation *frères* donnée aux disciples mérite notre attention. On peut y voir une référence au psaume 22 : « J'annoncerai ton nom à mes frères en pleine assemblée. » Mais pourquoi précisément cette référence dans les paroles de Jésus, à ce moment-là ?

L'appellation *frères*, dans un tel contexte, peut nous mettre sur la voie de la signification profonde du rendez-vous galiléen. Elle laisse entrevoir, en effet, ce qui est en cause dans cette rencontre, à savoir le lien qui doit exister et prévaloir entre Jésus ressuscité et ses disciples. L'événement de la Résurrection, si énorme et bouleversant qu'il soit, ne doit pas être perçu comme une rupture entre le présent et le passé, entre la gloire du Ressuscité et l'humanité de Jésus de Nazareth. Cet homme de Galilée que les disciples ont connu et suivi, c'est bien lui qui se révèle aujourd'hui Seigneur de la gloire. Et tout Seigneur qu'il soit, il reste leur *frère* en humanité. La puissance qui se manifeste dans sa résurrection ne l'éloigne en rien de notre humanité.

Nous entrevoyons ici une partie du sens du rendez-vous galiléen. Ce fut au sens propre une reconnaissance. Reconnaître quelqu'un, c'est faire le lien entre la personne présente et le souvenir qu'on a d'elle. Toute reconnaissance implique présence et mémoire : une présence éclairée par la mémoire, mais aussi une mémoire rafraîchie, illuminée par la présence. L'éclairage se fait dans les deux sens. « Rappelez-vous comment il vous a parlé, quand il était encore en Galilée... », avait dit l'ange aux femmes le matin de Pâques (Lc 24,6). Une telle reconnaissance ne pouvait se faire que sur cette terre de Galilée, où s'enracinait le souvenir de tout ce que Jésus de Nazareth avait dit et fait, dans une merveilleuse proximité.

Il nous faut donc accompagner les disciples dans leur retour en Galilée pour découvrir le plein sens de ce rendez-vous.

En allant d'un chapitre à l'autre de cet ouvrage, le lecteur aura, peut-être, parfois l'impression de redites. Elles sont voulues. J'ai suivi dans mes développements un ordre de progression que Pascal définit en ces termes : « Cet ordre consiste principalement à la digression sur chaque point qui a rapport à la fin, pour la montrer toujours » (Pascal, *Pensées*, Brunschvicg, 283). La pensée qui progresse reproduit le mouvement de la vague qui revient sur elle-même pour aller toujours plus loin : « Elle passe et revient, puis elle va plus loin, puis deux fois moins, puis plus que jamais, etc. Le flux de la mer se fait ainsi... » (*Id.*, 355).

Dans une grande œuvre musicale, le thème, annoncé dès l'ouverture, revient régulièrement, comme s'il cherchait sa voie, jusqu'au moment où il éclate dans sa splendeur sonore. Ici, les reprises sont une approche sans cesse recommencée en direction d'un centre lumineux qu'on essaie chaque fois de mieux saisir. Et ce centre lumineux, c'est le Christ pascal dans la plénitude de son mystère. Mon but, en cet ouvrage, n'est autre que de rencontrer la personne vivante du Ressuscité, et d'entrer non seulement en contact, mais en communion avec lui.

Bien que ce livre soit le fruit d'un long travail de réflexion et de recherche, je n'ai pas cru devoir l'alourdir de références savantes. J'ai préféré le laisser ouvert à tous.

1
Les retrouvailles pascales

Conformément à la demande de Jésus, « les onze disciples se rendirent en Galilée, à la montagne où il leur avait donné rendez-vous » (Mt 28,16).

Ils obéirent, tout simplement. Ils ne pouvaient percevoir dans l'immédiat la signification de ce rendez-vous galiléen. Ce n'est que par la suite et peu à peu que les disciples prirent conscience de son importance. Présentement ils firent ce que Jésus leur avait ordonné. Sans se poser de questions.

La Galilée était leur petite patrie. Ils étaient tous des « hommes de Galilée » (Ac 1,11). C'était là, sur les bords du lac, que tout avait commencé. Un jour, Jésus était venu vers eux. Il les avait surpris dans leur activité de pêcheurs. Son regard, sa parole les avaient profondément impressionnés. Ils en avaient été remués. Ils avaient senti naître en eux une si grande espérance que, dans l'élan et l'ardeur de leur jeunesse, ils n'avaient pas hésité à le suivre, tout heureux d'avoir découvert Celui que les prophètes avaient annoncé et que tous attendaient sans le connaître.

La Galilée, c'était tous ces lieux que Jésus avait marqués de sa présence. C'était Cana où il avait changé l'eau en vin des noces, c'était le mont où il avait proclamé les Béatitudes, et tous ces chemins qu'ils avaient parcourus à la suite du Maître, ces repas pris ensemble, ces guérisons dont ils avaient été les témoins émerveillés, ces foules enthousiastes, de plus en plus nombreuses. C'était aussi ces lieux retirés où ils l'avaient vu prier et où il s'était confié à eux. Que de souvenirs et d'émotions dans ce seul mot, la Galilée !

Oui, la Galilée, c'était tout cela. Mais c'était surtout la personne si attachante de ce jeune prophète galiléen qui avait remué leur cœur. Certes, plus d'une fois ils s'étaient sentis en sa présence comme écrasés devant un mystère de sainteté qui les dépassait ; ils avaient éprouvé leur indignité, leurs limites d'hommes simples et pécheurs, comme Moïse devant le Buisson ardent. Mais lui s'était montré si humble et secourable au milieu d'eux, si humainement proche, qu'ils avaient eu le plus souvent l'impression presque physique d'une proximité divine inouïe. En le voyant aller vers les pauvres, les méprisés et même vers les pécheurs et les exclus, se mêler à eux, manger avec eux, le ciel leur semblait avoir perdu tous ses orgueils : le royaume des cieux touchait terre, il s'ouvrait à tous et prenait les couleurs de la vie quotidienne. C'était comme si un grand souffle divin passait sur leur terre.

Mais, après ce printemps lumineux de Galilée, étaient venus les jours sombres de Judée. Ils avaient accompagné leur Maître dans sa montée à Jérusalem. Et ils s'étaient aperçus très vite qu'ils avançaient dans un autre monde : un monde plus froid, méfiant, hostile et plein de menaces. Ici le ciel semblait se fermer. Finalement l'arrestation, la condamnation et le supplice de leur Maître les avaient laissés complètement désemparés. Tout s'était déroulé si vite qu'ils avaient le sentiment d'avoir été pris dans un tourbillon cauchemardesque.

Cette fin tragique de Celui en qui ils avaient mis toutes leurs espérances et que le peuple acclamait, hier encore, comme le Messie, ils ne pouvaient ni la comprendre ni l'accepter. C'était pour eux un vrai naufrage.

Trois jours s'étaient déjà écoulés depuis les événements. Les disciples se terraient, tremblants de peur. L'évangile selon saint Jean nous dit qu'ils s'étaient enfermés, « par peur des Juifs » (Jn 20,19).

Et voici que là-dessus tombe la nouvelle, bouleversante, énorme : des femmes sont allées au tombeau de bon matin ; elles l'ont trouvé ouvert et vide ; le corps de Jésus n'est plus là ; il est ressuscité ! On imagine l'émotion, la stupeur, les doutes mais aussi le fol espoir des disciples. Devant un tel événement, ils étaient complètement dépassés. Ils ne savaient que penser.

Aussi, lorsque le soir même de Pâques, Jésus leur apparaît soudain, là où ils se cachent, sont-ils saisis de frayeur en le voyant. Ils n'en croient pas leurs yeux. Ils pensent voir un esprit ou un fantôme. Jésus doit insister : « Voyez mes mains et mes pieds, c'est bien moi ! Palpez ! Regardez : un esprit n'a pas de chair ni d'os, comme vous voyez que j'en ai » (Lc 24,39). « Et comme, dans leur joie, ils ne croient pas encore et demeurent frappés d'étonnement, il leur dit : "Avez-vous ici quelque chose à manger ?" Ils lui présentent un morceau de poisson grillé. Il le prend et le mange devant eux » (Lc 24,41-43). Manifestement l'apparition du Ressuscité les laisse bouleversés, à la fois étonnés et craintifs. La rencontre d'un être qui se révèle vivant par-delà la mort a de quoi ébranler les plus solides.

De toute évidence, la résurrection de Jésus plaçait les disciples devant un événement sans précédent et qui n'était pas à leur mesure. Ce Maître qu'ils avaient connu, suivi, admiré, dans leur patrie, voici qu'ils avaient du mal à le reconnaître. Son apparition avait à leurs yeux quelque chose à la fois d'irréel et d'effrayant. Elle les mettait soudain en relation avec un monde qui n'était plus le leur : un monde étrange et redoutable, le monde d'outre-tombe. Ce Jésus qu'ils avaient connu prenait une stature surhumaine. On était loin, très loin de cette terre familière et bien réelle de la Galilée.

Le choc de la Résurrection risquait donc, dans l'esprit des disciples, d'arracher Jésus à notre humanité, à notre histoire, et de le projeter dans un univers mythique d'une grandeur à la fois fascinante et redoutable. À la limite, il annulait l'Incarnation.

On commence ici à entrevoir le pourquoi du rendez-vous galiléen. Il était urgent de relier l'événement énorme de la Résurrection à tout ce qui l'avait précédé en Galilée, aux humbles chemins du Maître en compagnie des disciples. Le retour en Galilée devait permettre à ces derniers de retrouver Jésus dans sa réalité et sa proximité humaines.

Ces retrouvailles étaient absolument nécessaires, au moment où Jésus ressuscité s'apprêtait à leur affirmer solennellement sa Seigneurie universelle, avant de s'en retourner vers le Père (*cf.* Mt 28,18). Les disciples devaient savoir qu'il n'y avait pas de rupture entre le Jésus de l'histoire et le Seigneur de la gloire, et que le vainqueur de la mort était bien cet homme si proche, si merveilleusement humain, qu'ils avaient connu et côtoyé. C'est alors seulement que le Ressuscité pourrait leur dire : « Tout pouvoir m'a été donné au ciel et sur la terre » (Mt 28,18).

Aucune page des évangiles ne nous renseigne mieux sur ce que fut le rendez-vous galiléen que le récit de sa manifestation sur les bords du lac, dans l'évangile selon saint Jean. Ce récit nous fait voir sur le vif, dans sa simplicité et sa profondeur, la rencontre du Ressuscité avec les siens.

Les disciples sont effectivement revenus en Galilée ; ils ont retrouvé leur cadre de vie ; ils ont même repris leur activité de pêcheurs. Pierre, le premier, a donné l'exemple : « "Je m'en vais pêcher", a-t-il dit à ses compagnons. Et ceux-ci l'ont suivi : "Nous venons, nous aussi, avec toi." Ils sortirent et montèrent dans le bateau. Mais cette nuit-là, ils ne prirent rien » (Jn 21,3).

Revenant au petit matin, ils aperçoivent de leur barque un homme debout sur le rivage. L'inconnu semble les attendre. En effet, dès qu'ils sont à portée de voix, il les interpelle : « Eh, les enfants, vous n'avez pas un peu de poisson ? » « Non », répondent-ils. Il leur dit : « Jetez le filet à droite du bateau et vous trouverez. » Ils le jettent, et voici qu'ils ont toutes les peines du monde à le ramener, tant la prise est forte (*cf.* Jn 21,4-6).

Alors le disciple que Jésus aimait dit à Pierre : « C'est le Seigneur ! » Jean l'a reconnu. Aussitôt Pierre, sans dire un mot, se jette à l'eau et nage à la rencontre du Maître. La terre était à un peu moins de cent mètres. Les autres disciples reviennent avec le bateau, en tirant le filet plein de poissons. Une fois à terre, ils aperçoivent sur le rivage un feu de braise, avec du poisson posé dessus, et du pain à côté. Jésus leur dit : « Apportez donc de ces poissons que vous venez de prendre. » Simon-Pierre monte dans le bateau et tire à terre le filet, grouillant de gros poissons... Jésus dit alors : « Venez déjeuner. » Aucun des disciples n'ose lui demander : « Qui es-tu ? » Mais ils savent que c'est le Seigneur (*cf.* Jn 21,7-13).

« Le Seigneur ! » C'est bien lui, en effet. Ils le retrouvent, tel qu'il était lorsqu'il vint à eux pour la première fois sur les bords du lac. Le voici à nouveau au milieu d'eux, aussi proche et familier qu'au jour de leur première rencontre.

Rien de fantastique ou d'écrasant dans cette manifestation de Jésus ressuscité au bord du lac de Galilée. Il est là, sans majesté, sans éclat, comme le plus simple des hommes. Et quoi de plus familier que cette demande du Maître : « Eh, les enfants, n'avez-vous pas un peu de poisson ? » Ou encore cette invitation : « Venez déjeuner. » Même cette pêche miraculeuse qui rappelle celle des débuts du ministère galiléen, a pour les disciples un air connu. Elle porte la marque du Maître : un Maître qui s'intéresse à leur activité et se montre proche d'eux. Aussi les disciples ont-ils l'impression de revivre ce moment de grâce qui fut à l'origine de leur vocation. Et, du coup, le lien se fait tout naturellement, dans leur esprit, entre le Ressuscité, vainqueur de la mort, et le Maître qu'ils ont connu et aimé.

« Établi Fils de Dieu avec puissance selon l'esprit de sainteté, par sa résurrection des morts » (Rm 1,4), Jésus n'a rien renié de son humanité. Il est toujours cet homme humble et proche que les disciples ont connu et suivi sur les routes de Galilée. Il revient vers les siens – vers ses *frères* comme il les appelle – avec la même simplicité et la même douceur. Et eux le retrouvent plus vivant et plus vrai que jamais dans leur cadre familier, sur les bords du lac. Loin d'en faire un être distant et mythique, un être désincarné, sa Seigneurie, son exaltation auprès du Père le rendent encore plus proche de ses *frères*. Et les plaies qu'il porte aux mains, aux pieds et au côté, sont les marques de notre destin de faiblesse et de souffrances, d'humiliations et de mort. Ce destin, le Seigneur ressuscité ne l'a pas rejeté. Il l'a pris au cœur du sien pour le remplir de sa lumière.

La rencontre de Jésus ressuscité en Galilée, là même où ils l'avaient connu, admiré, aimé, fut donc pour les disciples un moment décisif. En faisant le lien entre la gloire du Ressuscité et sa vie terrestre, elle inaugurait la mémoire vivante de tout le vécu évangélique. Les disciples retrouvaient ce vécu, mais cette fois dans la lumière de Pâques. Désormais, dans leur esprit, le Jésus de l'histoire et le Seigneur de la gloire ne feront plus qu'un.

Cette mémoire vivante, illuminée par la Résurrection, allait trouver son expression dans les évangiles dont le récit relate tout le chemin parcouru par Jésus : « Tout ce qu'il a fait et enseigné, depuis le commencement jusqu'au jour où, après avoir donné ses instructions aux apôtres qu'il avait choisis sous l'action de l'Esprit Saint, il fut enlevé au ciel » (Ac 1,1-2).

Les évangiles sont, en effet, l'écho amplifié de ce rendez-vous galiléen où il fut donné aux disciples de retrouver leur Maître, tel qu'ils l'avaient connu. À partir de ce moment, en effet, tout le vécu évangélique allait revivre à leurs yeux dans la lumière pascale.

On ne connaît bien un chemin que lorsque l'on sait par expérience où il mène. Désormais les disciples, à la lumière de la résurrection du Seigneur, savent que le chemin parcouru par Jésus et avec lui est un chemin qui conduit à la vie. Et du coup, cette vie qui s'est manifestée avec puissance au matin de Pâques, ils la devinent et la pressentent déjà à l'œuvre dans tout ce qu'ils ont vécu en compagnie du Maître.

Rien d'étonnant dès lors si, à chaque page des évangiles, on respire déjà un air de résurrection. La mémoire ici se fait elle-même force de résurrection. Tout revit dans le souffle de Pâques. Partout où Jésus passe, il guérit, relève, libère, redonne vie. Une force de vie émane de sa personne. Les sourds entendent, les muets parlent, les paralysés marchent, les morts ressuscitent. Des hommes et des femmes, abattus, désespérés, se lèvent sur son passage et retrouvent l'allégresse de la marche. Les évangiles évoquent à plusieurs reprises le mouvement puissant, enthousiaste, des foules qui suivent Jésus. Ce peuple en marche constitue la toile de fond de la première annonce du Royaume en Galilée. Au contact de Jésus, la vieille humanité, gagnée par l'espérance messianique, naît à une nouvelle jeunesse.

On a parfois qualifié de printemps galiléen cette première annonce du Royaume. À vrai dire, si cette annonce est présentée par les évangélistes comme une explosion printanière de vie, c'est sans doute parce qu'ils l'ont retrouvée dans la lumière de Pâques. Le vrai printemps galiléen commence avec la rencontre du Ressuscité sur les bords du lac. Là s'est ouvert, au cœur des disciples, un chemin par où le souffle pascal est entré dans leur vie, ressuscitant en quelque sorte tout le vécu évangélique et lui donnant son sens.

Il serait faux de penser que l'éclairage de Pâques a déformé la vérité historique. Dans une forêt, le soir, quand le soleil baisse sur l'horizon et que ses rayons obliques viennent frapper les fûts des arbres et pénètrent les sous-bois, les corridors sombres s'illuminent. On voit alors loin, très loin dans la forêt. Rien n'est changé à la réalité des choses, et cependant tout est différent, transfiguré. Ainsi la lumière pascale n'a en rien altéré, aux yeux des disciples, les faits et gestes de Jésus. Mais elle en a révélé le sens intérieur. Elle leur a fait voir où menaient les options de leur Maître. Ce faisant, elle enracinait leur foi au Christ Seigneur dans l'histoire. Elle empêchait cette foi de s'envoler dans une vision olympienne, intemporelle de sa gloire et de sa Seigneurie.

Là-bas, à Jérusalem, dans la maison où ils se tenaient cachés, tremblants de peur, la Résurrection du Seigneur ne pouvait leur apparaître que comme un événement écrasant, déroutant, en rupture avec tout ce qu'ils avaient vécu en compagnie de Jésus de Nazareth, et, par conséquent, vide de sens. L'événement les dépassait totalement.

Mais, dans leur Galilée, sur les bords du lac, sous ce ciel libre et pur, il leur était donné de retrouver leur Maître dans son humanité. L'événement n'avait plus son aspect effrayant. Sans rien perdre de sa grandeur, il leur apparaissait accordé à la simplicité de leur vie. La présence du Seigneur ressuscité prenait dès lors son vrai sens. C'était comme un lever de soleil, une nouvelle Genèse. « Le Dieu qui a dit : Que des ténèbres resplendisse la lumière » (2 Co 4,6) illuminait soudain leur cœur, en leur faisant découvrir, dans la gloire du Ressuscité, le sens de tout ce qu'ils avaient vécu en suivant Jésus de Nazareth.

2
Il est le Seigneur

Avant même la rédaction des évangiles, la communauté chrétienne primitive avait saisi et exprimé le message essentiel du rendez-vous galiléen, à savoir l'identité fondamentale qui existe entre le Ressuscité, Seigneur de la gloire, et l'humble prophète du Royaume, Jésus de Nazareth.

Dans sa Lettre aux Philippiens qui remonte aux années 1950-1956, l'apôtre Paul se fait l'écho d'une hymne que lui-même avait sans doute apprise peu après sa conversion, vers la fin des années 1937-1938. Cette hymne est une des premières professions de foi chrétienne. Elle proclame avec force le lien étroit qui unit les humbles chemins de la vie terrestre de Jésus de Nazareth et sa glorification par le Père, comme Fils de Dieu et Seigneur de l'univers. Voici cette hymne :

« Lui qui est de condition divine
n'a pas revendiqué son droit
d'être traité comme l'égal de Dieu,

mais il s'est anéanti,
prenant la condition de serviteur.

Devenu semblable aux hommes
et reconnu homme à son aspect,
il s'est abaissé
se faisant obéissant jusqu'à la mort,
à la mort sur une croix.

C'est pourquoi Dieu l'a souverainement élevé
et lui a donné le Nom qui est au-dessus de tout nom,
afin qu'au nom de Jésus tout genou fléchisse
dans les cieux, sur la terre et dans les enfers,
et que toute langue proclame : Le Seigneur, c'est
[Jésus Christ,
à la gloire de Dieu, le Père » (Ph 2,6-11).

Ce texte affirme avec force l'identité entre le Jésus de l'histoire et le Seigneur de la gloire. Il semble cependant opposer, au vécu évangélique, fait d'ombres et d'abaissements, la gloire éclatante du Christ ressuscité. Après avoir accepté la condition humaine la plus humiliante, Jésus serait désormais élevé dans une gloire qui le rétablirait dans sa vérité et sa souveraineté divines. Comme si, en devenant l'un de nous, dans la condition du *serviteur*, le Fils de Dieu s'était mis à distance de lui-même, à distance du divin.

Mais est-ce bien là le sens de l'affirmation essentielle de ce texte : « Le Seigneur, c'est Jésus Christ » ?

Ne faut-il pas plutôt comprendre cette proclamation comme une reconnaissance d'une identité paradoxale mais profonde entre les options historiques de Jésus et la gloire divine que manifeste sa résurrection ? Jésus n'a-t-il pas dévoilé au monde par ses options mêmes – celles des Béatitudes – le vrai visage de Dieu, sa vraie Seigneurie, sa vraie gloire ? Son exaltation, loin de s'opposer au vécu évangélique, n'en proclamerait-elle pas, au contraire, la vérité divine ?

Pour le savoir, nous devons, à la suite des disciples, retrouver Jésus ressuscité sur les chemins de Galilée. C'est là que le Seigneur nous découvre sa vraie Seigneurie.

En leur donnant rendez-vous sur cette terre de Galilée, le Ressuscité montrait à ses *frères* qu'élevé désormais auprès du Père, il restait cependant l'homme des Béatitudes, le même aujourd'hui qu'hier. Bien plus, il leur signifiait par là que sa gloire présente était tout à fait dans la ligne de ce qu'il leur avait enseigné, par toute sa vie, sur le Règne et la Seigneurie de Dieu : un Règne et une Seigneurie qui ne consistent pas dans l'éloignement et un pouvoir de domination, mais dans un amour souverain, tout de proximité et de communion.

À vue purement humaine, il y a une opposition entre l'idée de seigneurie et celle de proximité. La seigneurie, c'est la supériorité, la souveraineté, et donc la distance. Est seigneur celui qui se tient au-dessus des autres, qui les domine et exerce le pouvoir. La proximité, au contraire, supprime les distances. Elle crée la communauté de destin, la fraternité, la communion. Est proche celui qui est *avec*, qui partage les mêmes conditions de vie, les mêmes peines comme les mêmes joies.

Les hommes ont toujours pensé que le Seigneur Dieu les dominait infiniment par sa gloire et sa toute-puissance. Sa souveraineté établissait entre lui et ses créatures une distance infinie. Sans parler de la distance non moins grande qui existe entre le Dieu trois fois saint et l'homme pécheur.

Or Jésus de Nazareth est venu, proclamant que le Règne de Dieu s'est fait tout proche. Le Règne de Dieu, c'est-à-dire essentiellement « la Seigneurie de Dieu, la manifestation de sa Gloire, l'être-Dieu de Dieu [1] ». Pour Jésus, cette Seigneurie, ce Règne se place sous le signe de la proximité.

Et pour bien le montrer, il s'est fait lui-même le plus proche des hommes, de tous les hommes. Ses démarches comme ses paroles témoignent toutes d'une volonté de proximité. Loin de s'isoler, en s'enfermant dans un cercle d'amis et de justes, il va vers les plus éloignés, vers les êtres perdus, les pécheurs, les exclus ; il se mêle à eux, mange avec eux. Il transgresse tous les interdits, supprime toutes les distances. Il se laisse approcher, toucher par les foules. Tous doivent savoir que le Règne de Dieu

1. « Le Royaume de Dieu ne désigne pas en premier lieu un Royaume, mais la Seigneurie de Dieu, la manifestation de sa Gloire, l'être-Dieu de Dieu », *in* Walter Kasper, *Jésus le Christ*, Paris, Cerf, 1996.

s'est approché et que Dieu veut entrer en contact, en communion avec tous les hommes.

Et pour l'affirmer toujours plus, Jésus accepte d'être compté lui-même parmi les pécheurs et les malfaiteurs. Il meurt crucifié entre deux brigands. Pouvait-il pousser plus loin la proximité humaine et témoigner, avec plus de force, de la proximité de Dieu ?

En vérité, Jésus inaugure une nouvelle compréhension de la Seigneurie de Dieu[2]. Il renverse les conceptions traditionnelles. La Seigneurie de Dieu qu'il révèle, tant par sa vie que par son enseignement, est essentiellement une souveraineté de l'amour, qui ignore toutes les frontières, toutes les distances et ne triomphe que dans la proximité et la communion.

Les prophètes d'Israël avaient déjà souligné la proximité étonnante du Dieu de l'Alliance. Une proximité maternelle, comme le fait voir ce passage du prophète Osée :

> « Quand Israël était enfant, je l'aimai, dit Yahvé ; et de l'Égypte, j'appelai mon fils. Mais plus je les appelais, plus ils s'écartaient de moi. Ils sacrifiaient aux Baals [...]. Et moi, pourtant, j'apprenais à marcher à Éphraïm, je les prenais dans mes bras ; et ils n'ont pas compris que je prenais soin d'eux ! Je les menais avec de douces attaches, avec des liens d'amour ; j'étais pour eux comme celui qui élève un

2. Walter Kasper, *Jésus le Christ*, Paris, Cerf, 1996, p. 113.

nourrisson tout contre sa joue, je me penchais sur lui et lui donnais à manger » (Os 11,1-4).

On comprend l'admiration de l'auteur du Deutéronome devant une telle proximité : « Quelle est, en effet, la grande nation dont les dieux se fassent aussi proches que Yahvé notre Dieu l'est pour nous, chaque fois que nous l'invoquons ? » (Dt 4,7).

Toutefois cette divine proximité avait ses limites. Elle était réservée au peuple choisi et comprise le plus souvent comme un privilège des justes. D'autre part, elle n'établissait jamais une véritable communion. Elle ne supprimait par les distances. Elle laissait intact l'aspect redoutable de la gloire de Yahvé, du Dieu tout-puissant et trois fois saint, devant qui tremblent les séraphins et dont la manifestation dans le temple faisait s'écrier le prophète Isaïe : « Malheur à moi, je suis perdu ! car je suis un homme aux lèvres impures » (Is 6,5). « Il est au milieu de toi, le Seigneur ton Dieu, un Dieu grand et terrible » (Dt 7,21).

Avec Jésus de Nazareth, la proximité de Dieu à son peuple atteint un degré jamais égalé. À vrai dire, un seuil est franchi. C'est une proximité toute nouvelle et proprement inouïe qui commence.

À la source de cette nouvelle proximité, il y a une expérience unique : l'expérience filiale de Jésus. Tout, dans son existence, aussi bien dans ses actes que dans ses paroles, laisse voir qu'il vivait dans une relation sans précédent avec Dieu : avec le Père, avec son Père. Il avait conscience d'être avec son Père dans une relation d'intimité et de communion toutes filiales.

Cette expérience unique, Jésus l'exprimait d'un mot : *Abba !* Ce terme familier était celui des enfants araméens appelant leur papa. L'évangile de Marc rapporte qu'à l'heure douloureuse de Gethsémani, Jésus priait son Père en l'appelant *Abba* (*cf.* Mc 14,36). Ce terme qui exprimait la tendresse affectueuse et spontanée de l'enfant, Jésus l'a fait sien, manifestant par là le lien profond et unique qui, même à l'heure dramatique de sa passion, l'unissait au Père [3].

En vérité, ce terme *Abba*, dans la bouche de Jésus, révèle une proximité incomparable, entre Dieu et lui, une intimité sans équivalent dans tout le contexte religieux biblique ou extrabiblique. En lui s'exprime, comme l'écrira plus tard l'évangéliste saint Jean dans son prologue, « le Fils unique qui est tourné vers le sein du Père » (Jn 1,18).

De cette expérience filiale découle tout le message évangélique. La joyeuse Nouvelle que Jésus proclame est précisément cette nouvelle proximité de Dieu qui, par lui, s'offre à tous les hommes. Il invite ses disciples à entrer dans cette intimité filiale : « Quand vous priez, dites : “Père...” » (Lc 11,2). Il leur apprend à dire *Père* à Dieu, comme lui seul sait

---

3. Joachim Jeremias, *La prédication de Jésus*, Paris, Cerf, 1973.

le dire, comme lui seul peut le dire. Avec la même assurance et la même allégresse.

Et la conversion évangélique consiste essentiellement dans l'accueil de cette nouvelle proximité de Dieu en Jésus : « Le temps est accompli et le Royaume de Dieu est tout proche : repentez-vous et croyez à la Bonne Nouvelle » (Mc 1,15). La Loi n'est pas supprimée, mais elle n'est plus la référence suprême. Quelque chose la précède. C'est la foi à la grâce filiale offerte à tous dans le Fils bien-aimé.

La grâce filiale est le nom nouveau de l'Alliance. Elle en est l'accomplissement, le sommet. En elle se manifeste pleinement le dessein de Dieu sur l'humanité. Désormais cette grâce prime tout. Tout repose sur ce don inouï, totalement gratuit. Vivre selon la Bonne Nouvelle, c'est fonder son existence tout entière sur ce don. Il s'agit avant tout d'accueillir dans la foi cette communication d'intimité divine qui s'offre à nous en Jésus et qui nous fait vivre de la vie même de Dieu.

Évidemment, les disciples qui écoutaient Jésus et le suivaient au long de son parcours terrestre ne soupçonnèrent pas, sur le moment, la profondeur de son message. Ils ne pouvaient concevoir la venue du Règne et sa révélation que comme une manifestation de puissance. Ils partageaient cette conception avec l'ensemble des Juifs de leur temps. Et jusqu'à la fin, ils espérèrent que le jour viendrait où Jésus ferait éclater sa puissance, en libérant Israël de ses oppresseurs, et inaugurerait une ère de paix et de justice sur la terre, comme l'avaient annoncé les Prophètes.

Ils étaient loin de penser que le Règne de Dieu, proclamé par Jésus, consistait essentiellement dans la nouvelle proximité de Dieu, dans sa communication d'intimité aux hommes, bref dans la grâce filiale. Certes ils admiraient leur Maître dont ils appréciaient la proximité. Mais le regard qu'ils portaient sur lui restait à l'extérieur du mystère qui l'habitait. Ils demeuraient attachés à une conception de la gloire de Dieu et de sa Seigneurie totalement étrangère à l'esprit de leur Maître. On le voit très nettement à la réaction spontanée de Pierre au moment du lavement des pieds, avant la dernière cène : « Toi, Seigneur, me laver les pieds ! » Un tel geste de la part du Seigneur paraissait inconcevable à Pierre. Dans la pensée de l'apôtre, c'était incompatible avec sa qualité de Seigneur. Le Règne de Dieu qu'il attendait, il ne le voyait pas venir dans cette profonde communion à notre humanité.

On comprend le reproche que Jésus fit à Philippe la veille de sa mort. Philippe lui avait demandé : « Seigneur, montre-nous le Père et cela nous suffit. » Et Jésus de lui répondre : « Voilà si longtemps que je suis avec vous et tu ne me connais pas, Philippe ? Qui m'a vu a vu le Père. Comment peux-tu dire : montre-nous le Père. Ne crois-tu pas que je suis dans le Père et que le Père est en moi ? » (Jn 14,8-10).

Il faudra attendre la résurrection de Jésus et la venue de l'Esprit Saint, au jour de la Pentecôte, pour que les apôtres découvrent l'humanité du Seigneur dans sa profondeur et s'ouvrent à la vérité de son mystère : « Ce jour-là, leur avait dit Jésus, vous reconnaîtrez que je suis en mon Père, et vous en moi et moi en vous » (Jn 14,20).

C'est entre ces deux événements, la Résurrection et la venue de l'Esprit, que se placent le retour en Galilée et la manifestation de Jésus ressuscité aux disciples dans leur petite patrie. Il faut voir dans cette manifestation une préparation à la venue de l'Esprit et à son action.

Cette préparation était nécessaire. Car, dans un premier temps, l'événement de la Résurrection avait frappé les disciples par sa dimension surhumaine. À leurs yeux, il révélait en Jésus une puissance divine qui l'élevait infiniment au-dessus de notre humanité et risquait du même coup de rétablir les distances entre Dieu et nous, à l'encontre du message évangélique.

Le retour en Galilée prend donc ici tout son sens. En se manifestant aux disciples là même où il s'était montré si proche d'eux, Jésus leur faisait savoir que sa Seigneurie et son entrée dans la gloire du Père ne l'éloignaient en rien de notre humanité et qu'il leur restait bien présent, toujours aussi proche et secourable. Ses dernières paroles ne laissent aucun doute à ce sujet : « Et voici que je suis avec vous pour toujours jusqu'à la fin des temps » (Mt 28,20).

Il leur indiquait ainsi clairement que la gloire du Père et sa Seigneurie ne sont pas à chercher au-dessus de notre monde, dans un ciel olympien. Elles consistent, non pas à être au-dessus, mais *avec*. Elles sont non dans la domination, mais dans la communion. Non dans la distance, mais dans l'Alliance. Car la souveraineté de Dieu est une souveraineté de l'amour. Et l'amour trouve sa perfection, sa souveraineté et sa gloire dans la communion la plus profonde, la plus universelle et la plus gratuite. Une communion plus forte que tout. Plus forte que la mort et le péché lui-même. Car en Jésus ressuscité l'une et l'autre sont détruits. En lui, la gloire du Père ne fait qu'un avec le triomphe du pardon et de la communion.

Il n'est donc pas juste de dire, comme on le fait parfois, qu'en se faisant homme, le plus proche et le plus vulnérable des hommes, le Fils de Dieu se soit mis à distance de lui-même, à distance du divin. Bien au contraire, par son humble incarnation, le Fils nous a révélé que le divin est dans la souveraineté d'un amour qui se complaît dans la communion la plus profonde et la plus gratuite. Il est devenu la *visibilité du Père*, selon l'expression de saint Irénée, faisant écho à la parole de Jésus lui-même : « Qui m'a vu a vu le Père » (Jn 14,9).

Et lorsqu'à la fin de son séjour en Galilée, Jésus ressuscité doit prendre congé de ses disciples et leur retirer cette *visibilité*, il a soin de les rassurer en leur disant que le temps de l'invisibilité ne sera pas celui de l'absence et de l'éloignement ; il leur promet d'être toujours avec eux. L'incarnation n'est pas un épisode éphémère, une parenthèse vite refermée. Elle inaugure une communion, définitive, irréversible du Fils de Dieu avec notre humanité. *Les cieux chantent la gloire de Dieu*, mais c'est la terre de l'incarnation qui nous révèle la secrète splendeur de cette gloire.

« Jésus est le Seigneur » : nous comprenons un peu mieux ce que signifie cette profession de foi. À vrai dire, c'est une profession révolutionnaire. Elle fait voler en éclats l'idée impériale de la gloire divine. En Galilée, sur les bords du lac, les disciples ont appris à reconnaître le Seigneur ressuscité dans son humaine proximité : « Le Seigneur, c'est lui. » L'Esprit de la Pentecôte allait achever de les éclairer.

Le retour en Galilée prend donc la dimension d'une expérience spirituelle. Il ne s'agit pas seulement d'un retour en un lieu géographique. Il s'agit bien plutôt de découvrir, à la lumière de l'Esprit, le mystère du Christ dans sa profondeur humaine et divine.

Père,
« Béni sois-tu d'avoir montré
Sur le Visage bien-aimé
Du Christ offert à nos regards
Ta gloire immense [4] ! »

4. Didier Rimaud, « Dieu au-delà de tout créé », *in Liturgie des heures*, © CNPL.

3
Le regard de Jean

L'apôtre Jean a été le premier à reconnaître Jésus ressuscité sur les bords du lac de Galilée. « C'est le Seigneur », s'était-il écrié à la vue de l'inconnu qui les attendait sur le rivage, dans le petit matin, au retour d'une nuit de pêche infructueuse. On peut penser qu'à partir de cet instant, Jean a vu s'illuminer toute la vie de Jésus dans la lumière de Pâques.

De ce regard pascal sur Jésus, reconnu comme Seigneur, allait naître l'évangile de Jean. Sans doute cet évangile est-il centré sur Jérusalem et s'intéresse-t-il davantage aux événements de la vie de Jésus, qui se sont déroulés en Judée. Néanmoins le regard de Jean sur Jésus porte bien la marque du retour en Galilée. C'est bien le regard des retrouvailles. Un regard qui retrouve, à la lumière de Pâques, la merveilleuse proximité humaine de Jésus et qui perçoit, dans cette proximité même, le signe de la gloire de Dieu.

Aucun évangéliste n'a vu et n'a su faire voir, comme Jean, la gloire du Fils de Dieu dans son Incarnation. Aucun n'a établi un lien aussi étroit entre la communion charnelle de Jésus à l'histoire des hommes et sa communion à la gloire éternelle de Dieu. Nul, mieux que lui, n'a compris que cette gloire consiste avant tout dans la communication d'une vie, et qu'elle resplendit là même où elle paraît la plus humiliée.

Cette gloire de Dieu, Jean ne la contemple pas en effet hors du temps dans une expérience mystique tout intérieure et intemporelle, mais bien dans l'histoire de Jésus. Il la voit rayonnante dans un être de chair, dans la personne vivante du jeune prophète de Nazareth qui s'est laissé rencontrer, approcher, toucher sur nos chemins d'homme, qui a parlé notre langage d'homme, souffert nos souffrances d'homme et qui est mort de notre mort d'homme. Bref, il la voit dans le déroulement de la vie de Jésus :

> « Le Verbe s'est fait chair
> et il a habité parmi nous,
> et nous avons contemplé sa gloire,
> gloire qu'il tient de son Père
> comme Fils unique,
> plein de grâce et de vérité » (Jn 1,14).
>
> « Nul n'a jamais vu Dieu ;
> le Fils unique,
> qui est tourné vers le sein du Père,
> lui, l'a fait connaître » (Jn 1,18).

Ce regard que Jean porte sur l'histoire de Jésus est bien un regard pascal : un regard illuminé par l'Esprit qui a ressuscité Jésus. Ce regard ne s'arrête pas à la simple matérialité des faits, il les pénètre, il en perçoit la signification profonde. Cette lecture intérieure fait surgir le sens d'une vie qui apparaît à Jean comme une théophanie, une manifestation de la gloire de Dieu.

Prenons à titre d'exemple le récit que Jean nous donne du *premier signe* accompli par Jésus. L'événement se déroule en Galilée. En Galilée, c'est-à-dire là précisément où les disciples ont revu et retrouvé Jésus après sa résurrection. C'est bien dans cette lumière pascale que Jean rapporte le premier signe accompli par Jésus. « Le troisième jour, écrit-il, il y eut une noce à Cana de Galilée » (Jn 2,1). Jésus y était invité avec sa mère et ses disciples. On imagine aisément l'atmosphère festive et joyeuse d'une noce de village. Jésus est là, bien présent, au milieu des convives. Or voici qu'une ombre se profile sur la fête. Marie, la mère de Jésus, est la première à s'en apercevoir. Elle voit la gêne des époux. Elle se penche vers Jésus et lui dit : « Ils n'ont plus de vin » (Jn 2,3). Jésus a compris. Mais quel rapport cela a-t-il avec sa mission ? Il n'est pas venu pour procurer un surplus de vin un jour de noce. Certes, il a été envoyé pour apporter aux hommes la joie, la « vie en surabondance » (Jn 10,10). Cette plénitude de vie, il la donnera, mais à son *heure*. Et son *heure* n'est pas arrivée. « Femme, répond Jésus à sa mère, que me veux-tu ? Mon heure n'est pas encore venue » (Jn 2,4).

Cependant Jésus va exaucer la demande de Marie. Il le fera en se plaçant dans la perspective de sa mission. L'acte qu'il accomplira aura valeur de signe. Tout en donnant satisfaction à la requête immédiate et matérielle de sa mère, il la dépassera par son sens. Le signe parlera par sa démesure, par sa disproportion avec l'événement ; il annoncera un autre don : le don d'une vie surabondante, inépuisable, éternelle. Là où il suffisait d'une certaine quantité de vin, Jésus choisit délibérément la prodigalité, la démesure, l'ivresse : la démesure et l'ivresse dans le don.

« Remplissez d'eau ces jarres », dit Jésus aux servants (Jn 2,7). Ces jarres étaient destinées aux ablutions rituelles des juifs. Il y en avait six. Soit au total une contenance de six cents litres. Les servants les remplirent d'eau jusqu'au bord.

Alors Jésus leur dit : « Puisez maintenant. » Ce n'était plus de l'eau, mais six cents litres d'un vin capiteux, bien supérieur à celui qui avait été servi jusque-là ! De quoi enivrer toute une population !

La simplicité des paroles de Jésus et leur retenue contrastent avec l'exubérance et la démesure du don. L'on songe à la remarque de Pascal : « Le roi parle froidement d'un grand don qu'il vient de faire, et Dieu parle bien de Dieu » (Pascal, *Pensées*, Br., 799).

Les invités de la noce attendaient un surplus de vin. Et Jésus leur offre de quoi étancher leur soif éternelle ! Dans ce vin surabondant et enivrant, c'est sa propre vie, donnée sans mesure, que Jésus signifie à l'avance. Le signe de l'eau changée en vin annonce cette *heure* où, du côté ouvert du Crucifié, s'écouleront l'eau et le sang, en signe d'une vie totalement donnée.

Et Jean de conclure son récit par cette phrase : « Tel fut le premier des signes de Jésus, il l'accomplit à Cana de Galilée et il manifesta sa gloire, et ses disciples crurent en lui » (Jn 2,11). La *manifestation de sa gloire* n'est pas dans le changement miraculeux de l'eau en vin, mais dans ce que signifie ce changement : dans ce qu'il annonce. Elle est dans le don infini que Jésus réalisera à son *heure*, à l'heure de sa passion et de sa mort.

Cette *heure* qui sera le signe ultime, Jean ne l'envisage pas comme une heure de ténèbres. Il est d'ailleurs significatif que, dans son récit de la passion de Jésus, il passe sous silence l'agonie à Gethsémani. L'*heure* de Jésus, Jean la voit comme la suprême manifestation de la gloire de Dieu en son Christ. C'est l'*heure* où la vie divine se révèle dans sa profondeur et sa splendeur en se livrant totalement. Car telle est la gloire de Dieu dans tout son éclat. La gloire d'un amour souverain : « Père, dit Jésus, l'heure est venue : glorifie ton Fils, afin que ton Fils te glorifie et que, selon le pouvoir que tu lui as donné sur toute chair, il donne la vie éternelle à tous ceux que tu lui as donnés ! » (Jn 17,1-2).

Comment une mort aussi atroce et infamante peut-elle être regardée comme la suprême manifestation de la gloire divine, comme la révélation de la Seigneurie de Dieu ?

Dans l'évangile selon saint Jean, Jésus ne subit pas sa mort. Aucun évangéliste n'a insisté, comme Jean, sur le don tout à fait libre que Jésus fait de sa vie humaine. Il ne subit pas, il se donne : « C'est pour cela, dit-il, que le Père m'aime, parce que je donne ma vie pour la reprendre. Personne ne me l'enlève. Je la donne de moi-même. J'ai le pouvoir de la donner et le pouvoir de la reprendre... » (Jn 10,17-18). « Le bon pasteur donne sa vie pour ses brebis » (Jn 10,11). « Il n'y a pas de plus grand amour que celui-ci : donner sa vie pour ses amis » (Jn 15,13). On ne peut être plus clair, plus affirmatif. C'est en toute liberté que Jésus donne sa vie. Et il la donne par amour.

Ce n'est pas que Jésus recherche la mort. Mais, puisque ses adversaires veulent se débarrasser de lui, il ne se dérobe pas, il ne recule pas devant la mort, il l'assume librement. Et il en fait le sommet de sa mission : elle sera un suprême témoignage.

Sa mort sera le don libre de sa vie, de cette vie qu'il a pour mission de révéler et de communiquer au monde. Le don de sa vie humaine manifestera le don que Dieu lui-même veut faire de sa vie intime. Et ainsi elle glorifiera Dieu, elle révélera sa gloire : la splendeur de son amour.

Au regard de Jean, en effet, la mort de Jésus en croix n'est pas simplement le don qu'un homme peut faire de sa vie humaine pour une juste et noble cause. Sa mort a une profondeur divine. Dieu lui-même est engagé dans cette mort. Jésus n'est pas seul. Quoi qu'il fasse, il le fait en communion étroite avec son Père. Il ne fait rien qu'il ne voie faire au Père : « Ce que le Père fait, dit-il, le Fils le fait pareillement »

(Jn 5,19). De sorte que « les paroles que je vous dis, je ne les dis pas de moi-même ; mais c'est le Père qui demeure en moi, et qui accomplit ses propres œuvres » (Jn 14,10).

Si Jésus donne sa vie, c'est donc parce qu'il voit le Père lui-même la donner. Le don de Jésus révèle celui du Père. En Jésus, le Père se donne totalement. Et Jean peut écrire : « Dieu a tant aimé le monde qu'il a donné son Fils unique, afin que quiconque croit en lui ne se perde pas, mais ait la vie éternelle » (Jn 3,16). Dieu se donne sans réserve dans le don libre de son Fils. Il se donne avec lui, en lui : « Moi et le Père, nous sommes un » (Jn 10,30) ; « Le Père est en moi et moi dans le Père » (Jn 10,38b). Jésus et le Père sont un dans le don. Et dans ce don resplendit la gloire de Dieu dans toute sa splendeur : la splendeur d'un amour qui se donne sans mesure. La gloire du Père est de donner la Vie, sa Vie divine, en son Fils.

On voit ici le contresens grossier que l'on commet en regardant la mort de Jésus en croix comme un châtiment infligé par le Père à son Fils pour laver dans le sang l'offense causée à la Majesté divine par le péché de l'homme. Disons-le franchement : affirmer cela, c'est se tromper de religion. Jésus n'est pas la victime de son Père, d'un Père coléreux, rancunier, soucieux avant tout de son honneur. Jésus est seulement la victime des hommes, du péché des hommes, de leur refus de croire au don de Dieu.

Nous sommes bien sauvés par l'obéissance de Jésus à son Père. Mais cette obéissance est une communion dans l'amour. Jésus communie totalement au dessein de son Père, au don du Père : « Le Père m'aime parce que je donne ma vie » (Jn 10,17). En donnant sa vie, Jésus révèle au monde le don du Père lui-même. Et, par là, il manifeste la vraie gloire de Dieu qui est de se donner sans mesure.

Ce mystère de l'amour de Dieu, Jean le contemple dans la scène du coup de lance. Le côté ouvert du Crucifié laisse s'écouler, sous le signe de l'eau et du sang, la vie infinie qui ne se possède plus. Ici se réalise ce que Jean écrit dans son Prologue : « Nous avons contemplé sa gloire, gloire qu'il tient de son Père comme Fils unique, plein de grâce et de vérité » (Jn 1,14).

Et il ajoute : « Oui, de sa plénitude nous avons tous reçu, et grâce sur grâce » (Jn 1,16). En effet, en donnant sa vie en communion avec le Père, Jésus accomplissait, au nom de toute l'humanité, un acte d'amour qui rendait à nouveau possible la communication entre Dieu et l'homme : il offrait à Dieu une humanité ouverte, capable de recevoir le don divin. Désormais, plus rien ne fait obstacle à la réalisation du grand dessein de l'amour divin. C'est aussi cela que Jean contemplait dans le côté ouvert du Crucifié.

Cette vie qui s'écoule du cœur du Christ n'a rien à craindre de la mort. Elle triomphe de la mort elle-même par son don. Celui qui aime est passé de la mort à la vie. C'est ce que manifeste la Résurrection du Seigneur. « C'est le Seigneur ! » s'écrie Jean à la vue de Jésus sur les bords du lac. Oui, c'est lui le

Seigneur. Mais cette Seigneurie n'a rien de commun avec nos gloires humaines. Elle est la splendeur de l'Agapè divine. Son éclat est celui d'un Amour souverain qui, dans sa gratuité, ne connaît pas de frontières.

Reconnaître cette Seigneurie du Ressuscité, c'est entrer en relation avec elle, en communion avec ce mystère d'amour. L'évangile selon saint Jean insiste beaucoup sur ce point. Proclamer que Jésus est Seigneur n'a de sens que si l'on s'ouvre soi-même à cette souveraineté de l'amour qui doit désormais inspirer toutes nos relations humaines. La vie divine qui est tout entière communion dans l'amour ne peut se communiquer à nous qu'en créant entre nous une communion semblable à celle qui règne entre le Père et le Fils dans l'Esprit. C'est un thème fondamental de l'évangile de Jean. « Comme toi, Père, dit Jésus, tu es en moi et moi en toi, qu'eux aussi soient un en nous, afin que le monde croie que tu m'as envoyé. Je leur ai donné la gloire que tu m'as donnée pour qu'ils soient un comme nous sommes un : moi en eux et toi en moi, afin qu'ils soient parfaits dans l'unité... » (Jn 17,21-23).

4
La Galilée des nations

En se manifestant aux disciples là même où il avait vécu si proche d'eux, le Ressuscité leur révélait d'une manière sensible que la gloire du Père dans laquelle il était entré n'était pas à rechercher dans les hauteurs des cieux, mais au contraire dans cette communion de vie qu'il avait inaugurée avec les hommes par son incarnation.

Mais le choix de la Galilée par Jésus, comme lieu privilégié de la manifestation de sa gloire pascale, a une autre profondeur, une autre raison non moins importante. Cette communion qui s'est établie entre Jésus et les hommes et qui, à ses yeux, a plus d'éclat que toutes les étoiles du ciel, ne peut se limiter à quelques disciples. Elle doit s'étendre à tous les hommes, s'ouvrir à l'immensité du monde. Alors resplendira, dans tout son éclat, la gloire du Seigneur Jésus auprès du Père.

C'est précisément cette ouverture au monde qui est en cause dans le choix de la Galilée. Pour en juger, il faut se reporter au début du ministère de Jésus, tel que le relate l'évangéliste saint Matthieu. Voici ce qu'il écrit :

« Ayant appris que Jean (le Baptiste) avait été livré, Jésus se retira en Galilée. Laissant Nazareth, il vint habiter Capharnaüm, au bord de la mer, aux frontières de Zabulon et de Nephtali, pour que s'accomplît l'oracle d'Isaïe le prophète :

> "Terre de Zabulon et terre de Nephtali,
> Route de la mer, Pays d'au-delà du Jourdain,
> Galilée des nations !
> Le peuple qui demeurait dans les ténèbres
> a vu une grande lumière :
> sur ceux qui habitaient le sombre pays de la mort,
> une lumière s'est levée."

À partir de ce moment, Jésus se mit à prêcher. Il proclamait : "Convertissez-vous, car le Royaume des Cieux s'est approché..." » (Mt 4,12-17).

Un souffle d'universalisme anime ce préambule. Le fait que le Maître commence son enseignement en Galilée prend ici un très grand sens. Ce n'est pas un hasard de l'histoire. Matthieu y voit l'accomplissement de la vision prophétique d'Isaïe. Avec Jésus commence l'ère messianique sous le signe de l'universalité. C'est un moment décisif dans le déroulement du dessein de Dieu et dans l'histoire du monde. L'horizon du salut s'étend désormais à toutes les nations, par-delà toutes les frontières.

Vue de Jérusalem, la Ville sainte et la cité de David, la Galilée faisait piètre figure. Elle apparaissait comme une région marginale, douteuse, mélangée, ouverte aux influences extérieures païennes. Elle était un véritable carrefour des nations, au voisinage du sombre pays de la mort. Or c'est précisément là que le prophète voit se lever une grande lumière.

Cette lumière, c'est, aux yeux de l'évangéliste Matthieu, Jésus inaugurant son ministère en Galilée et proclamant la Bonne Nouvelle de la venue du Royaume de Dieu : une Bonne Nouvelle qui s'adresse à toutes les nations. Le salut est offert à tous les hommes. Ainsi la Galilée que l'on disait couverte de honte voit se lever chez elle, en la personne de Jésus de Nazareth, la lumière qui va illuminer le monde.

L'événement en a surpris beaucoup. Il s'est produit là où on l'attendait le moins. La Galilée n'avait aucun titre à devenir la région d'où sortirait le Messie. Les Pharisiens en feront la remarque à Nicodème, ce membre du Sanhédrin qui voulait défendre Jésus devant ses accusateurs : « Es-tu de la Galilée, toi aussi ? Étudie ! Tu verras que ce n'est pas de la Galilée que surgit le prophète » (Jn 7,52).

Pour les premiers lecteurs de l'évangile de Matthieu, ce préambule, introduisant l'action de Jésus, avait une résonance pascale. La langue grecque, en effet, n'avait pas de mot pour exprimer la résurrection. Pour dire que Jésus est ressuscité, les évangélistes devaient recourir à des verbes signifiant soit le réveil, soit le fait de se lever ou d'être relevé. Ainsi ils disaient : « Jésus s'est réveillé » ou « il s'est levé d'entre les morts ». Aussi, quand Matthieu reprend l'expression du prophète Isaïe « une lumière s'est levée », ses premiers lecteurs, habitués au vocabulaire de la résurrection, ne pouvaient manquer de lui donner un sens pascal. C'était comme une annonce de la lumière de Pâques et de son rayonnement universel. La Galilée était déjà désignée comme le lieu choisi de la manifestation du Christ ressuscité, et comme le point de départ de son rayonnement sur le monde. À partir d'elle, toute la terre allait être illuminée.

Nous avons vu précédemment qu'en se manifestant aux disciples en Galilée, Jésus tenait à enraciner leur vision de sa gloire dans son histoire, dans la terre de son incarnation, et, du même coup, dans cette communion aux hommes, qu'il était venu inaugurer. Leur foi devait se nourrir de la mémoire de tout ce qu'il avait fait au milieu d'eux.

Maintenant nous voyons que, par ce choix de la Galilée, Jésus voulait aussi faire comprendre aux disciples que cette communion avec eux ne pouvait se replier sur elle-même, qu'elle devait s'ouvrir à tous les hommes, et qu'elle serait d'autant plus la manifestation de sa gloire qu'elle s'étendrait au monde entier et rassemblerait l'humanité entière.

L'Évangile de la gloire du Christ est celui de la communion à tous les hommes. Et, par suite, il est aussi celui de la mission universelle.

C'est, dans cette lumière, que se comprennent les dernières paroles que, selon saint Matthieu, Jésus ressuscité revenu en Galilée adresse aux disciples : « Tout pouvoir m'a été donné au ciel et sur la terre. Allez donc, de toutes les nations, faites des disciples, les baptisant au nom du Père, du Fils et du Saint-Esprit, et leur apprenant à observer tout ce que je vous ai prescrit. Et voici que je suis avec vous pour toujours jusqu'à la fin du monde » (Mt 28,18-20).

Ce message comporte trois points essentiels :

1) L'affirmation de la Seigneurie universelle de Jésus ressuscité.

2) L'envoi des disciples en mission dans le monde entier.

3) La promesse de la présence de Jésus jusqu'à la fin des temps.

Ces trois points se tiennent étroitement. Ils forment ensemble un tout. On ne peut les séparer. Pour bien les comprendre, il faut les relier l'un à l'autre.

Quel est, en effet, ce pouvoir universel qui a été donné à Jésus ? Ce n'est nullement un pouvoir de domination. Le Père lui a confié la réalisation de son grand dessein d'amour. Il lui a communiqué pour cela la plénitude de sa vie. Jésus est le premier en qui s'est réalisée pleinement la communion de Dieu avec notre humanité. En même temps, il a reçu le pouvoir de transmettre cette vie divine à tous ses frères humains. « Comme le Père en effet a la vie en lui-même, de même a-t-il donné au Fils d'avoir la vie en lui-même » (Jn 5,26). Or cette vie est essentiellement amour, don de soi, communication aux autres. Elle ne se garde pas pour soi. Elle cherche à se répandre, à se communiquer. Elle s'accomplit dans la communion.

Ainsi le pouvoir que Jésus a reçu du Père est celui de réaliser son grand dessein d'amour, en accueillant tous ses *frères*, les hommes, et en leur donnant de participer à sa vie filiale dans une même communion. La dernière prière de Jésus à son Père ne laisse aucun doute à ce sujet :

> « Comme toi, Père, tu es en moi et moi en toi, qu'eux aussi soient en nous afin que le monde croie que tu m'as envoyé. Je leur ai donné la gloire que tu m'as donnée, pour qu'ils soient un comme nous sommes un, moi en eux et toi en moi, afin qu'ils soient parfaits dans l'unité, et que le monde reconnaisse que tu m'as envoyé et que tu les as aimés comme tu m'as aimé... » (Jn 17,21-23).

Jésus veut associer ses disciples à ce grand dessein. Il les envoie donc vers toutes les nations, avec mission d'annoncer à tous les hommes qu'ils sont aimés de Dieu, en son Fils Jésus Christ, et qu'ils sont tous invités à entrer dans la communion du Fils avec le Père, et ainsi à participer à la grande joie divine.

Dans l'évangile selon saint Marc, Jésus dit aux disciples : « Allez dans le monde entier, proclamez l'Évangile à toute la création » (Mc 16,15). La Bonne Nouvelle n'est pas réservée à un petit nombre, à une race, à une nation, à une culture... Elle est destinée à tous les hommes. À la création tout entière. Elle est vraiment universelle.

Évangéliser, c'est en effet aller vers les hommes pour leur révéler leur vocation transcendante et les ouvrir à cette part d'eux-mêmes encore inconnue et qui attend son accomplissement. L'universalisme de la Bonne Nouvelle est l'universalisme d'un Amour qui s'offre à tous les hommes, les invitant à une communion *personnalisante* où chacun d'eux se trouve pleinement reconnu et aimé dans son être unique.

Durant son ministère terrestre, Jésus avait envoyé ses disciples en mission, en leur demandant de ne pas aller chez les païens, mais seulement vers les brebis perdues de la maison d'Israël (Mt 10,5-6). Maintenant il les envoie dans le monde entier. La mission a désormais un horizon illimité. L'heure est venue de mettre le cap sur le grand large de l'humanité. Et ce n'est pas un hasard si Jésus a choisi, pour cet envoi, la *Galilée des nations*.

Selon le texte de saint Matthieu, ce n'est pas seulement par l'enseignement de la Parole, mais par le baptême que les nations deviendront disciples du Christ : « De toutes les nations faites des disciples, en les baptisant au nom du Père et du Fils et du Saint-Esprit... » (Mt 28,19). On ne devient pas disciple de Jésus simplement par une adhésion intellectuelle à son message, mais par un acte qui exprime l'initiative et l'action toutes gratuites de Dieu. Dans le baptême *au nom du Père et du Fils et du Saint-Esprit*, c'est, en effet, la Trinité sainte elle-même qui accomplit son dessein d'amour, en nous accueillant dans sa vie intime : dans la communion trinitaire.

La formule *au nom du Père et du Fils et du Saint-Esprit* fait écho à l'usage liturgique, pratiqué dans la communauté primitive. Elle exprime bien la plongée dans la vie trinitaire. Cette communion à la vie de Dieu est le dernier mot de l'Évangile. « Oui, la vie de Dieu s'est manifestée, nous l'avons contemplée et nous portons témoignage : nous vous annonçons cette vie éternelle du Père et qui s'est manifestée à nous [...], pour que, vous aussi, vous soyez en communion avec nous. Et nous, nous sommes en communion avec le Père et son Fils Jésus Christ... » (1 Jn 1,2-3). La mission des disciples est précisément d'ouvrir toutes les nations à cette communion divine.

Enfin, dans ses dernières paroles, le Seigneur joint à la mission la promesse de sa présence indéfectible jusqu'à la fin des temps. Ainsi, à l'heure même où il va leur retirer sa présence visible, Jésus rassure ses disciples : le temps de l'invisibilité ne sera pas le temps de l'absence. Le Seigneur ne cessera d'être avec eux, agissant en eux et par eux. Sa présence est, en effet, inséparable de la mission qu'il leur confie. Car celle-ci consiste essentiellement dans la transmission d'une vie, sa vie à lui, avec la puissance de sa résurrection. Les disciples peuvent donc partir sans crainte vers les nations, avec l'assurance d'être en communion permanente avec Jésus et d'être, parmi les hommes, les témoins et les acteurs de cette communion offerte à tous.

La Pâque en Galilée, c'est donc aussi la Pâque des nations, la Pâque sans frontières, à la dimension du monde, à la mesure du dessein de Dieu.

Mais cette Pâque universelle reste enracinée dans l'histoire unique de Jésus de Nazareth. Il n'y a pas de communion à la vie divine qui ne découle de la réalité historique de Jésus. Il est, lui, l'unique source. Le sacrement de baptême qui introduit l'homme dans la communion trinitaire est un mémorial. Il rappelle et rend présente toute la Pâque du Seigneur sur cette terre : son action, son enseignement, sa mort et sa résurrection. La présence dans le sacrement se nourrit de la mémoire. Il faudra toujours revenir en Galilée pour y retrouver, dans la lumière de la Pâque, celui à qui le Père a communiqué sa vie en plénitude et donné mission de la communiquer aux hommes.

Universelle est l'eau vive dans son jaillissement, mais unique est la source d'où elle jaillit : l'existence historique de Jésus de Nazareth. « Le Christ mystique, le Christ universel de saint Paul ne peut avoir de sens ni de prix à nos yeux que comme expansion du Christ né de Marie et mort en croix. De celui-ci, celui-là tire essentiellement sa qualité fondamentale d'être incontestable et concret. Aussi loin qu'on se laisse entraîner dans les espaces infinis ouverts à la mystique chrétienne, on ne sort pas du Jésus de l'Évangile. On éprouve au contraire un besoin grandissant de s'envelopper, toujours plus solidement, de sa vérité humaine [1]. » « Les profondeurs

1. Teilhard de Chardin, *Le Milieu divin*, Paris, Seuil, 1993.

pauliniennes ne dispensent jamais des profondeurs évangéliques plus insondables encore[2]. »

Annoncer le Christ sera donc toujours faire mémoire de tout ce que Jésus de Nazareth a vécu, dit, fait et souffert parmi les hommes, lors de son « avènement de douceur », dans l'ombre de l'histoire.

De cette mémoire vivante et méditante qui est l'œuvre du Saint Esprit (*cf.* Jn 14,16 ; 16,13-14), au sein de l'Église, émerge peu à peu, dans sa lumière universelle, le mystère de Jésus. Tout événement de la vie de Jésus, si humble soit-il, devient alors signe de ce mystère qui, en prenant toute sa dimension, se révèle comme la vérité plénière de l'homme, de tout homme. L'unique devient l'universel.

Cette mémoire n'est pas, en effet, un simple retour sur le passé. Elle en dévoile le sens éternel. Elle est une aube : l'aube pascale, aux dimensions du monde. Ce qui était caché dans l'événement devient lumière pour l'esprit. Ainsi, de l'obscure *Galilée des nations* s'élève la grande lumière annoncée par le prophète Isaïe. Et voici qu'elle éclaire l'humanité tout entière.

L'évangéliste saint Luc écrit de Marie, la mère de Jésus, « qu'elle retenait tous ces événements et les méditait dans son cœur » (Lc 2,19). Mémoire vivante et méditante, Marie le fut au moment de la naissance de Jésus. Elle le fut aussi, et avec plus de vérité

2. Gustave Martelet, *Libre Réponse à un scandale*, Paris, Le Cerf, 1986.

encore, lors de la naissance de l'Église. Marie est la figure de l'Église. Comme elle et avec elle, l'Église se souvient ; elle ne cesse de faire mémoire de Jésus et de tous les événements qui ont marqué sa vie. Et, de même que Marie, méditant les grandes choses que Dieu a faites en elle, voit l'Amour dont elle est l'objet s'étendre à tous les âges et à tous les hommes (*cf.* Lc 1,48-50), de même l'Église naissante, en faisant mémoire de Jésus de Nazareth, s'ouvre à l'universalité de son mystère et se voit comme portée et poussée à l'annoncer à toutes les nations.

5
Le temps de l'Église

Avec la résurrection de Jésus, il s'est passé, dans l'histoire des hommes, quelque chose de radicalement nouveau qui allait donner naissance à une foi nouvelle et à une immense espérance.

« Premier-né d'entre les morts », Jésus Christ inaugure, en effet, une humanité nouvelle, délivrée du règne de la mort et de son oppression : la mort n'est plus le dernier mot de l'existence humaine. Ni non plus le dernier mot du temps. Le cercle de la mort est brisé.

Un temps nouveau commence. Les disciples en avaient conscience confusément. Le jour même de l'Ascension de leur Maître, ils lui demandaient : « Seigneur, est-ce maintenant le temps où tu vas établir le Royaume pour Israël ? » (Ac 1,6).

Pendant quarante jours, selon Luc, Jésus ressuscité les avait entretenus du Règne de Dieu (Act 1,3). Les disciples pensaient donc que le temps était venu où allait s'accomplir l'espérance messianique : le Règne du Messie sur la terre, avec la restauration de la royauté d'Israël.

Jésus leur répondit : « Vous n'avez pas à connaître le temps et les moments que le Père a fixés de sa propre autorité. Mais vous allez recevoir une puissance, celle de l'Esprit saint qui viendra sur vous. Vous serez alors mes témoins à Jérusalem, dans toute la Judée et la Samarie, et jusqu'aux extrémités de la terre » (Ac 1,7-8).

Tout en sauvegardant le mystère du temps que Dieu seul connaît dans ses différents moments, Jésus n'hésite donc pas à reconnaître que sa résurrection ouvre effectivement un temps nouveau. Ce temps sera celui de l'Esprit Saint : le temps de la mission et du témoignage. Un temps ouvert à l'universalité.

Sur le coup, les disciples ne comprirent pas les paroles de Jésus. Et, alors qu'il avait déjà disparu à leurs yeux, ils restaient là, fixant le ciel, comme si le temps s'était arrêté. Comme si celui qui s'était révélé à eux, rayonnant de vie par-delà la mort, les invitait à vivre maintenant hors du temps, dans la contemplation de sa gloire.

Ils ne revinrent sur terre que lorsque deux envoyés célestes les interpellèrent : « Hommes de Galilée, pourquoi restez-vous ainsi à regarder le ciel ?... » (Ac 1,11).

C'est seulement avec la venue de l'Esprit Saint, le jour de la Pentecôte, que les disciples comprendront.

Entrant alors dans le temps de la mission et du témoignage, ils découvriront que Jésus glorifié se donne à connaître et à contempler, non pas hors du temps, mais dans sa présence à l'histoire des hommes. C'est là qu'ils le retrouveront, avec la puissance de sa résurrection.

En venant en ce monde, le Fils de Dieu a épousé le temps. Il commença par assumer pleinement la condition de l'enfant. Il prit le temps de grandir « en sagesse, en taille et en grâce devant Dieu et devant les hommes » (Lc 2,52). Il traversa les âges successifs de l'enfance, de l'adolescence et de l'adulte.

Tout au long de son ministère terrestre, Jésus s'est efforcé d'éveiller l'esprit de ses disciples au respect du temps dont le mystère est lié à celui de son incarnation. Quand il inaugure son enseignement, il compare sa Parole à la semence que le semeur jette en terre : elle doit germer, prendre racine, grandir, mûrir, pour produire enfin son fruit d'immortalité. Jésus ne se révèle pas tout d'un coup. Avec beaucoup de patience, il ouvre les esprits à son mystère. Il ne se comporte pas comme un magicien qui opère à coups de baguette magique, mais bien plutôt comme un jardinier qui respecte la croissance de la vie. Dans la parabole de l'ivraie, il enseigne à ne pas arracher trop vite l'ivraie dans le champ de blé, de peur d'arracher le blé en même temps : « Laissez croître l'un et l'autre ensemble jusqu'à la moisson » (Mt 13,24-30). Ainsi, à travers le temps, c'est le dessein de Dieu que Jésus respecte.

Dans l'évangile selon saint Jean, Jésus parle souvent de son *heure*. Son *heure* est le moment où doit s'accomplir le dessein du Père sur lui-même. C'est aussi l'heure de sa manifestation. Aux noces de Cana, à sa mère qui lui demande d'intervenir en faveur des époux, il fait remarquer que son *heure* n'est pas encore venue (*cf.* Jn 2,4). Ce respect de l'heure, c'est le respect du temps de Dieu. Un jour, à ses « frères » qui le pressent de monter à Jérusalem, à la fête des Tentes, afin de s'y manifester publiquement, Jésus répond :

> « Mon temps *[kairós]* à moi n'est pas encore là.
> Votre temps à vous est toujours prêt [...].
> Vous, montez à la fête.
> Moi, je ne monte pas à cette fête :
> mon temps n'est pas encore accompli » (Jn 7,6-8).

Les hommes se croient maîtres du temps ; ils s'érigent eux-mêmes en mesure du temps. Ils cherchent à l'accélérer ou à le retarder au gré de leur volonté. Pour Jésus, le temps appartient à Dieu. C'est le temps de son dessein. On ne peut le brusquer ou le supprimer, en brûlant les étapes.

En retrouvant ses disciples en Galilée et en leur déclarant qu'il sera avec eux *jusqu'à la fin des temps*, Jésus ressuscité leur signifie que sa résurrection et sa glorification ne mettent pas fin au temps. Mais un temps nouveau commence. Désormais le temps sera traversé par le souffle d'une vie plus forte que la mort. La grande nouveauté que réalise la résurrection de Jésus, c'est l'irruption de la vie éternelle dans le temps.

Comment cette irruption se manifeste-t-elle ? Quelles réalités nouvelles fait-elle émerger dans l'histoire ? Selon les paroles de Jésus dans les Actes des Apôtres, ce temps commence avec l'envoi de l'Esprit Saint sur les apôtres : « Vous allez recevoir une force, celle de l'Esprit Saint qui descendra sur vous » (Ac 1,8). Cette effusion de l'Esprit crée une réalité nouvelle, une nouvelle communauté : l'Église. L'événement fondamental du temps nouveau, c'est l'existence de l'Église, comme lieu où se rencontrent le temps et la vie éternelle. Ceci mérite toute notre attention.

Pour bien comprendre l'originalité de cette nouvelle communauté, il faut dépoussiérer la figure de l'Église, en faisant passer sur elle le souffle de vie que Jésus insuffla à ses apôtres : le souffle puissant de sa résurrection, le souffle créateur de l'Homme nouveau.

Nous lisons dans l'évangile selon saint Jean, ces lignes significatives : « Les disciples furent remplis de joie à la vue du Seigneur. Il leur dit alors, de nouveau : "Paix à vous ! Comme le Père m'a envoyé, moi aussi je vous envoie." Ayant dit cela, il souffla sur eux et leur dit : "Recevez l'Esprit Saint..." » (Jn 20,20b-22).

Jésus souffle sur ses apôtres, comme le Créateur souffla sur le premier homme. « Le Seigneur Dieu, lit-on dans la Genèse, modela l'homme avec de la glaise du sol, il insuffla dans ses narines une haleine de vie et l'homme devint un être vivant » (Gn 2,7). Jésus reproduit l'acte créateur. En insufflant au cœur des apôtres son souffle de vie, avec la puissance de sa résurrection, il crée l'homme nouveau ou plus précisément une communauté humaine nouvelle. L'Église est cette communauté de vie, née du souffle de Jésus ressuscité.

Ce souffle du Seigneur, au cœur des apôtres, crée entre eux et lui une communion de vie. L'Église est cette communion de vie. Elle n'est pas simplement une société d'hommes qui se réunissent pour mieux s'unir à Dieu. Elle est avant tout la communion divine elle-même qui s'ouvre aux hommes, généreusement, gratuitement, dans le Fils bien-aimé. La vie trinitaire qui va du Père au Fils dans l'Esprit, voici qu'elle se communique à des hommes dans le souffle de vie que le Ressuscité leur insuffle. L'Église est essentiellement cette communion à la vie de la Sainte Trinité, dans le Christ Jésus.

Il s'ensuit que cette communion est comme chargée d'un dynamisme puissant. Participant au souffle créateur et divinisant de Dieu, elle tend à s'ouvrir aux dimensions du monde. À vrai dire, elle n'existe qu'ouverte au monde. Repliée sur elle-même, elle meurt. C'est dire combien cette communion est liée à la mission. « Comme le Père m'a envoyé, je vous envoie », dit Jésus (Jn 20,21). La communauté de vie que crée le souffle de Jésus ressuscité est une communauté envoyée vers le monde.

En même temps qu'il la crée, ce souffle l'envoie. Elle n'existe que par cet envoi.

Communion et mission sont donc étroitement unies dans le mystère de l'Église, tout comme dans le mystère de Jésus. De même que le Père communique la plénitude de son Esprit et de sa vie au Fils en l'envoyant dans le monde, de même Jésus ressuscité communique la plénitude de son Esprit et de sa vie au groupe des apôtres en les envoyant vers toutes les nations.

Et comme Jésus communie à la vie du Père en la communiquant aux apôtres, ainsi les apôtres communient à la vie de Jésus en la communiquant au monde. La vie divine est essentiellement mouvement vers l'autre, communication et communion dans l'amour. On y participe d'autant plus qu'on la communique aux autres. Ceci nous ramène au texte de la Première Lettre de saint Jean : « Cette Vie éternelle, qui était tournée vers le Père et qui nous est apparue… nous vous l'annonçons, afin que vous aussi vous soyez en communion avec nous. Quant à notre communion, elle est avec le Père et avec son Fils Jésus Christ. Tout ceci, nous vous l'écrivons pour que notre joie soit complète » (1 Jn 1,2-4).

6

Le retour en Galilée dans l'histoire de l'Église

Après avoir vu l'importance du rendez-vous galiléen pour les apôtres et les premiers disciples, nous pouvons nous demander dans quelle mesure et dans quel sens ce retour en Galilée est toujours d'actualité dans la vie de l'Église. La parole de Jésus ressuscité aux femmes venues au tombeau, au matin de Pâques, n'énonce-t-elle pas une exigence ecclésiale permanente : « Allez annoncer à mes frères qu'ils doivent retourner en Galilée, c'est là qu'ils me verront » (Mt 28,10) ?

La question est importante. Il s'agit de savoir si ce retour en Galilée est une dimension essentielle, constitutive, de toute expérience pascale. L'Église ne doit-elle pas constamment retourner en Galilée pour y retrouver son Seigneur ressuscité, dans la vérité de sa Seigneurie ? Et dans quel sens ? Comment entendre aujourd'hui la parole de l'ange, dans l'évangile de Marc : « Allez dire aux disciples et à Pierre, qu'il vous précède en Galilée : c'est là que vous le verrez, comme il vous l'a dit » (Mc 16,7) ?

Le jour de la Pentecôte, Pierre, s'adressant à la foule, termine son discours par ces paroles : « Que toute la maison d'Israël le sache donc avec certitude : ce Jésus que vous, vous avez crucifié, Dieu l'a fait Seigneur et Christ » (Ac 2,36). Nul doute, Jésus s'est affirmé *Seigneur et Christ* par sa résurrection. Dieu l'a exalté. Vainqueur de la mort, il est, comme dit Pierre, *le Seigneur de la Vie* (*cf.* Ac 3,15).

Mais en choisissant la Galilée comme lieu privilégié de sa manifestation aux disciples, Jésus ressuscité leur a fait comprendre que, tout Seigneur qu'il soit, il n'en est pas moins ce Fils de l'homme qu'ils ont connu, qui a vécu au milieu d'eux, près d'eux, communiant à toute détresse humaine, se faisant le serviteur de tous et n'hésitant pas à donner sa vie.

Les disciples ne devront donc jamais perdre de vue ces deux dimensions de l'expérience pascale : la Seigneurie de Jésus et cette proximité déconcertante qui en a fait l'être le plus accessible, le plus secourable et aussi le plus vulnérable. Nous l'avons vu : loin de se contredire, Seigneurie et proximité sont étroitement unies dans une souveraineté qui est celle de l'Amour : une souveraineté qui transcende toutes les distances et s'exprime dans la communion. Cette souveraineté réalise le Règne de Dieu dont Jésus de Nazareth avait proclamé la venue en se rendant le plus proche possible de tous les hommes, en accueillant même les pécheurs et les exclus.

La foi à ce Règne de Dieu exige de tout disciple un renversement complet de perspective. C'est le sens même de la conversion évangélique. Il s'agit, en effet, de fonder désormais toute notre existence sur une foi qui ne s'appuie pas sur nous-mêmes, sur nos mérites, nos œuvres, mais uniquement sur cette souveraineté et cette gratuité de l'Amour qui s'offre à nous dans le Seigneur Jésus.

Celui qui s'ouvre à cette foi peut dire en vérité : « Jésus est Seigneur. » Il vit l'expérience pascale. Il rencontre le Seigneur ressuscité sur les humbles chemins de Galilée. Il découvre sa Seigneurie en le retrouvant dans sa proximité humaine.

L'Église devra faire cette expérience tout au long de son histoire. Sa mission est de proclamer la Seigneurie de Jésus, en confessant à la fois son exaltation dans la gloire du Père et sa permanente proximité humaine. Annoncer « Jésus est Seigneur » sera toujours un paradoxe au regard du monde. Car la Seigneurie de Dieu et celle de son Christ n'ont rien à voir avec nos seigneuries humaines. La transcendance de Dieu n'est pas celle que nous imaginons. « Nul n'a jamais vu Dieu, nous dit saint Jean ; le Fils unique, qui est tourné vers le sein du Père, lui l'a fait connaître » (Jn 1,18). Par sa venue dans notre histoire, par sa vie, sa mort et sa résurrection, le Fils unique a ouvert une fenêtre sur l'être éternel de Dieu, sur sa Seigneurie et sa gloire. Désormais si nous voulons connaître cette Seigneurie et cette gloire, il faut regarder par cette ouverture que constitue l'histoire de Jésus de Nazareth. Nous découvrons Dieu, non pas en faisant abstraction de l'histoire, mais bien en faisant mémoire de ce que Jésus a vécu, dit et souffert dans notre histoire.

Ce sera donc toujours en revenant sur les humbles chemins de Galilée que l'Église retrouvera son Seigneur dans la gloire du Père, et réapprendra ce que veut dire « Jésus est Seigneur ». Ce retour ne saurait être une simple démarche intellectuelle. Il constitue une véritable expérience de vie. Il nous engage, en effet, à renoncer à la richesse, aux honneurs, au pouvoir, à tout ce qui crée la distance, pour suivre Jésus sur des chemins de fraternité et de communion avec tous les hommes, notamment avec les plus petits, les pauvres, les exclus... C'est seulement de cette façon que l'Église peut témoigner, en vérité, de la Seigneurie de Jésus : en révélant la divine souveraineté de son amour.

L'histoire de l'Église offre de nombreux exemples de ce retour en Galilée. La plupart des mouvements de renouveau qui sont apparus en son sein ont leur source dans un tel retour.

On pense spontanément à la démarche du Pauvre d'Assise. Elle est exemplaire. Au cœur de l'Église du XIIIe siècle, elle renouvela l'expérience pascale dans sa fraîcheur originelle. Elle fut, au plein sens du mot, une rencontre du Christ Seigneur sur les humbles chemins de Galilée. Une telle rencontre mérite qu'on s'y arrête. Elle a une portée prophétique qui la rend toujours actuelle.

L'Église, en cette fin du XIIe siècle et ce début du XIIIe, était devenue une Église seigneuriale. Elle dominait la société dans laquelle elle était solidement installée. Elle possédait d'immenses territoires. Monastères et évêchés qui couvraient parfois des régions entières étaient de véritables seigneuries. À leur tête, évêques et abbés étaient de vrais seigneurs féodaux : ils joignaient à leur fonction spirituelle un pouvoir temporel. Leurs relations avec la population étaient des relations de seigneurs à vassaux. Ces grandes propriétés constituaient, par leurs revenus, l'assiette économique de l'Église.

Aussi n'est-il pas étonnant que la nouvelle société, née des *communes*, se sentît mal à l'aise dans cette Église féodale et seigneuriale. Apparaissent alors de nombreux mouvements évangéliques : *vaudois* ou *pauvres de Lyon*, *humiliés*, *cathares* qu'on appelait en Italie *patarins*... Ces différents mouvements veulent tous revenir à une Église plus conforme à ses origines évangéliques, à la fois plus dépouillée et plus fraternelle.

C'est dans ce bouillonnement social et religieux que grandit le jeune François d'Assise. Fils de marchand et de la commune, il est lui-même issu de la société nouvelle urbaine et commerçante. Lorsque, après une jeunesse exubérante et pleine d'ambitions, il découvre l'Évangile, il ne se propose aucunement de réformer l'Église ni de fonder un nouvel ordre religieux. Sa seule ambition, désormais, est de suivre le Christ humble et pauvre et d'être, comme lui, proche des plus petits et frère de tous les hommes.

En s'engageant sur cette voie, François tourne le dos aux seigneuries d'Église ainsi qu'aux guerres saintes et aux croisades. Il sera un messager de paix et de fraternité.

Et voici que ce retour à Jésus sur les chemins de Galilée devient, au sein de l'Église, le *lieu* des retrouvailles du Seigneur, dans l'éclat de sa vraie Seigneurie. Jésus n'est pas Seigneur à la manière féodale. Pas même le Seigneur bienfaisant qui, du haut de sa position dominante, répand ses largesses sur ses vassaux fidèles. Le très haut Fils de Dieu a quitté sa position dominante. En lui le ciel a renoncé à toutes ses distances. « Le Dieu de Majesté, dit François, s'est fait notre frère en Marie, sa mère. » Il est devenu l'un de nous, le plus humble, le plus proche. La démarche évangélique de François va de pair avec la découverte émerveillée de la vraie Seigneurie de Dieu, de sa vraie gloire, celle d'un Amour souverain qui ne recherche que la communion, par-delà toutes distances et toutes frontières.

Ainsi, au cœur de l'Église de son temps, François d'Assise, en revenant sur les traces de Jésus, devient le messager de la Seigneurie de Dieu et de son Christ : « Je suis le héraut du grand Roi », déclare-t-il lui-même aux brigands qui l'interpellent dans la forêt, après la rupture avec son père (1 Celano 16). C'était l'hiver. François était désormais sans toit, sans famille, sans ressources. Et il chantait la Seigneurie de Celui dont il suivait la pauvreté et l'humilité.

Cette rencontre avec le Christ Seigneur, loin de l'enfermer dans une contemplation tout intérieure, le renvoie vers les hommes ; elle l'ouvre à la grâce de la rencontre ; elle en fait l'homme de la communion fraternelle par-delà toutes les frontières, qu'elles soient sociales, raciales ou religieuses.

Bientôt des centaines, puis des milliers d'hommes et de femmes rejoignent François sur son chemin de pauvreté et de fraternité, à la suite du Seigneur. Et, comme lui, ils retrouvent Jésus dans l'éclat de sa Seigneurie, celui d'une vraie communion fraternelle.

Un témoin, le cardinal Jacques de Vitry, écrit à la vue de ce grand nombre d'hommes et de femmes qui n'hésitent pas à suivre l'humilité et la pauvreté de Jésus : « Leur manière de vivre est celle de l'Église primitive dont il est écrit : “La foule des croyants ne formait qu'un cœur et qu'une âme” [1]. »

L'expérience franciscaine ouvre, dans l'Église, un chemin où celle-ci se retrouve elle-même comme communion, en même temps qu'elle redécouvre le vrai visage de son Seigneur. Une Église seigneuriale, rivale de l'Empire et dominée par l'esprit de croisade, ne sait plus ce que veut dire : « Jésus est Seigneur. » Elle ne témoigne plus de sa Seigneurie. Chaque fois qu'elle s'éloigne de l'esprit des Béatitudes évangéliques et qu'elle s'aventure sur les chemins du pouvoir, des honneurs et de la richesse,

1. Robert Burchard Huygens, *Lettres de Jacques de Vitry*, Leyde, 1960, p. 75-76.

chaque fois qu'elle cherche à dominer le monde et se laisse tenter par le rêve théocratique, l'Église perd de vue son Seigneur. Mais le Christ qui n'abandonne jamais son Église lui fait entendre à nouveau les paroles qu'il adressait aux disciples au matin de Pâques : « Retournez en Galilée ; c'est là que vous me reverrez » (Mt 28,10). Ce fut le sens de l'expérience évangélique de François d'Assise.

Une Église ouverte à l'esprit de Jésus ne peut être, en effet, qu'une communion : communion avec le Seigneur, mais aussi avec tous les hommes. Et l'autorité en elle se doit d'être tout entière au service de cette communion. L'Église ne doit jamais oublier ce que Jésus disait à ses disciples : « Vous savez que les chefs des nations dominent sur elles en maîtres et que les grands leur font sentir leur pouvoir ; il ne doit pas en être ainsi parmi vous : au contraire, celui qui voudra devenir le plus grand parmi vous sera votre serviteur, et celui qui voudra être le premier d'entre vous, se fera votre esclave. C'est ainsi que le Fils de l'homme n'est pas venu pour être servi, mais pour servir et donner sa vie en rançon pour une multitude » (Mt 20,25-28). « Moi, je suis au milieu de vous comme celui qui sert » (Lc 22,27b).

Ce que l'Église perd en puissance en ce monde, elle le gagne toujours en communion avec le Christ et avec les hommes.

Il est remarquable que c'est au moment où les apôtres retrouvent Jésus dans sa proximité, sur les bords du lac de Galilée, et où ils le reconnaissent comme leur Seigneur, que Pierre se voit confirmé par le Maître dans sa mission de pasteur de l'Église : « Pais mes agneaux... Pais mes brebis » (Jn 21,15-16). Pierre est invité à conduire le peuple de Dieu sur les chemins de la vie, en suivant l'exemple du bon Pasteur qui a donné sa vie pour ses brebis. Il sera ainsi le témoin de la Seigneurie de Jésus et il entrera lui-même dans le dessein de cette Seigneurie toute d'amour, de proximité et de communion.

La Première Lettre de Pierre fait écho à cette mission que Jésus ressuscité confia à son apôtre sur les bords du lac : « J'exhorte les anciens qui sont parmi vous, moi ancien comme eux, témoin des souffrances du Christ et associé à la gloire qui va être révélée : Paissez le troupeau qui vous est confié, veillant sur lui, non par contrainte, mais de bon gré, selon Dieu ; non pour un gain sordide, mais avec l'élan du cœur, non pas en faisant les seigneurs à l'égard de ceux qui vous sont confiés, mais en devenant les modèles du troupeau... » (1 P 5,1-3).

Nous touchons là un point important. Les plus graves abus dans l'Église, au cours de son histoire, furent des abus de pouvoir. C'est seulement à la lumière de la Seigneurie de Jésus telle qu'elle s'est manifestée aux apôtres, lors du rendez-vous galiléen, que doit s'exercer l'autorité dans l'Église. Cette autorité n'a de sens qu'au service de la communion que Jésus est venu inaugurer et dans laquelle se révèle la splendeur de sa Seigneurie, à la gloire de Dieu le Père.

7
Notre Galilée intérieure

Ce n'est pas seulement les apôtres ou l'Église dans ses responsables qui doivent retourner en Galilée pour y rencontrer le Seigneur ressuscité. La parole de Jésus s'adresse aussi à nous tous, à chacun de nous personnellement : « Allez annoncer à mes frères qu'ils doivent se rendre en Galilée, c'est là qu'ils me verront » (Mt 28,10). Peut-être n'y a-t-il pas de parole évangélique plus importante à comprendre aujourd'hui ? Chacun de nous possède quelque part en lui la Galilée, sa Galilée à lui, où le Seigneur le précède et l'attend.

En apparaissant aux disciples sur leur terre d'origine, là où lui-même avait grandi et commencé son enseignement, Jésus ressuscité leur montrait non seulement qu'il ne reniait rien de ses attaches humaines, mais aussi qu'il nous précède toujours, avec la puissance de sa résurrection, là précisément où sont nos racines les plus intimes.

Tout disciple doit savoir que le Seigneur ressuscité ne peut se révéler à lui qu'en réveillant ce qu'il porte en lui de plus profond, de plus vrai, de plus personnel. Le Ressuscité se manifeste à nous, en nous ressuscitant avec lui : en nous faisant éprouver dans notre être le dynamisme de sa résurrection, en s'affirmant comme la sève montante de nos vies. Autrement dit, il nous donne de le retrouver, en nous faisant la grâce de nous retrouver nous-mêmes. Sa résurrection est aussi notre résurrection, le réveil de notre être.

Rencontrer le Seigneur ressuscité dans notre Galilée, c'est entendre son appel : « Éveille-toi, toi qui dors ; relève-toi d'entre les morts, et le Christ t'illuminera » (Ep 5,14).

Éveille-toi ! Appel étrange. Ne sommes-nous pas bien éveillés, pleinement conscients et en pleine possession de nos facultés ? Nous allons et venons. Nous organisons nos vies. Nous brassons des affaires. Nous remplissons des fonctions importantes. Avec succès. Et pourtant ! « La vraie vie est ailleurs. Nous ne sommes pas au monde [1]. »

Éveille-toi ! Il n'y a pas de plus bel exemple de cet éveil pascal que celui de Marie de Magdala, au matin de Pâques. Marie était venue au tombeau au petit jour. Elle ne pensait aucunement y rencontrer Jésus vivant. Elle venait simplement lui rendre un dernier hommage, en apportant les aromates qu'elle avait préparés pour sa sépulture. L'idée d'une résurrection n'effleurait même pas son esprit. Aussi, quand elle découvrit le tombeau ouvert et vide, sa première pensée fut celle d'un enlèvement. D'où son émoi et

1. Arthur Rimbaud, *Une saison en enfer*, Paris, Seghers, 2002.

son interrogation : où l'a-t-on mis ? Sa seule préoccupation était de retrouver le corps inanimé du Maître.

On comprend dès lors qu'elle ne fût pas du tout prête à reconnaître Jésus ressuscité dans le premier vivant qui se présenterait à elle. « Marie se tenait près du tombeau, au-dehors, tout en pleurs » (Jn 20,11). Hors du tombeau, mais aussi hors d'elle-même. Et quand Jésus se présente à elle, elle ne le reconnaît pas. Elle croit avoir affaire au jardinier, gardien des lieux. Et elle lui demande : « Si c'est toi qui l'as enlevé, dis-moi où tu l'as mis… » (Jn 20,15b).

Marie n'imagine pas un instant que le Seigneur la précède et l'attend au plus profond d'elle-même, dans sa Galilée intérieure. Et elle ne peut le rencontrer que là, en revenant à elle-même. Une telle rencontre ne saurait être un simple fait extérieur. On ne rencontre pas le Ressuscité comme n'importe quel homme dans la rue.

Une telle rencontre s'inscrit dans une expérience spirituelle. Et la clé de cette expérience est un réveil : le réveil de notre être le plus personnel, le plus vrai : « Éveille-toi, toi qui dors, relève-toi d'entre les morts ! Et le Christ sera ton aurore. »

Cette aurore « ne vient ni du levant ni du couchant » (Ps 74,7). Elle ne vient pas du dehors, mais de l'intérieur, du plus profond de nous-mêmes. Elle vient du rayonnement d'une présence qui nous précède et nous habite déjà.

C'est précisément ce qui se passe en ce matin de Pâques, pour Marie de Magdala. Jésus ressuscité qu'elle n'a pas reconnu se révèle à elle en l'appelant par son nom : *Marie*. Ce nom personnel, prononcé par le Maître avec une intonation particulière, unique, la rappelle tout entière à elle-même ; il réveille son être le plus intérieur, le plus vrai.

Cette fois les yeux de Marie de Magdala s'ouvrent à la lumière. « *Rabbouni !* » s'écrie-t-elle. Et aussitôt ses bras se tendent pour saisir Jésus, comme pour s'assurer de sa présence et le retenir. Comme s'il s'agissait encore d'une présence purement extérieure.

« J'ai vu le Seigneur », dira-t-elle plus tard aux disciples. Elle l'a vu, elle l'a reconnu quand elle s'est entendu appeler par son nom, quand son cœur a vibré et s'est ouvert à cet appel. Alors elle s'est réveillée. Le Seigneur était au plus profond d'elle-même. Il était là, il la précédait et il l'attendait. Dans sa Galilée intérieure. Et elle ne le savait pas.

> « Vous étiez au-dedans de moi, dira saint Augustin, mais, hélas ! j'étais au-dehors de moi-même. C'était en ce dehors que je vous cherchais. Vous étiez avec moi, mais je n'étais pas avec vous... Vous m'avez appelé : vous avez crié, et vous avez ouvert les oreilles de mon cœur[2]. »

---

2. Saint Augustin, *Confessions*, Éd. Philippe Sellier, Paris, Gallimard, 1993.

Jésus ressuscité ne peut se manifester vraiment à nous qu'en nous retournant vers nous-mêmes, vers notre être le plus authentique. C'est là, dans notre Galilée intime qu'il se révèle comme Seigneur de la vie et de la création, en tournant nos chemins vers son aurore pascale. Nous découvrons alors notre destin, au cœur du sien, illuminé de sa lumière. Nous venons de le voir dans sa manifestation à Marie de Magdala.

Il agit de même avec Pierre. Il s'est fait reconnaître des apôtres sur les bords du lac en leur donnant de revivre les émotions et l'élan de foi de leur première rencontre. Mais il ne s'en est pas tenu là. Avec Pierre, il est allé beaucoup plus loin. Il s'adresse, en effet, à lui, personnellement, en l'appelant par son nom originel : « Simon, fils de Jean. » Il le fait par trois fois, en lui posant chaque fois la même question : « M'aimes-tu ? »

De la part du Seigneur, ce n'est pas simplement, comme on le dit parfois, une manière de faire sentir à son disciple le poids de son triple reniement et de lui offrir l'occasion d'exprimer son regret. Cela va beaucoup plus loin.

La question de Jésus touche le fond de l'être. Elle vise à éveiller Pierre, à l'ouvrir à ce qu'il y a en lui de plus secret, mais aussi de plus vrai, de plus fort et de plus lumineux. En reniant son Maître, Pierre s'était détourné de cette part de son être. C'est là que le Seigneur l'attend. Dans sa Galilée intérieure. Il veut se manifester à son apôtre en lui donnant d'éprouver en lui-même la puissance de sa résurrection. Alors il fait jaillir en lui la source d'un amour qui ne craindra plus rien, pas même la mort. Cet amour fait de Pierre un homme nouveau : il sera lui aussi, comme son Maître, un pasteur qui donne sa vie pour ses brebis.

Certes, il faudra attendre la venue de l'Esprit Saint, au jour de la Pentecôte, pour que cette transfiguration de Pierre trouve son plein accomplissement ; mais déjà Pierre est entré dans la dynamique de la résurrection : « Seigneur, dit-il à Jésus, tu sais bien que je t'aime » (Jn 21,17).

L'expérience pascale est inséparable d'un éveil intérieur. On le voit chez Pierre comme chez Marie de Magdala. Il en va de même pour les disciples d'Emmaüs. Ceux-ci s'en retournaient chez eux, désespérés. Jésus de Nazareth, ce « prophète puissant en paroles et en actes », en qui ils avaient mis toutes leurs espérances, était mort supplicié. Il n'y avait plus rien à espérer. Or voici que le Ressuscité les rejoint sur le chemin. Eux non plus ne le reconnaissent pas. Ils ne le reconnaîtront qu'une fois arrivés chez eux.

Chez eux, il faut entendre ces mots dans leur sens le plus profond, le plus intime. En effet, s'ils le reconnaissent finalement à la fraction du pain, c'est parce que déjà sur la route Jésus ressuscité a touché leur cœur et que leur être intime s'est mis à vibrer en l'écoutant. « Notre cœur n'était-il pas tout brûlant au-dedans de nous quand il nous parlait en chemin et qu'il nous expliquait les Écritures ? » (Lc 24,32). La rencontre a commencé par cet éveil intérieur. Elle s'est faite d'abord *au-dedans* : dans leur cœur. « On ne voit bien qu'avec le cœur [3]. » Ainsi les disciples d'Emmaüs, eux aussi, ont reconnu le Seigneur ressuscité en éprouvant, dans leur être, la puissance de sa résurrection, sa force de vie et de renouveau.

> « Ne cherchons pas hors de nos vies
> à retrouver son passage.
> Il nous rejoint sur nos sentiers. »
> (*Hymne, La Liturgie des heures*, t. II, p. 393).

Il est au-dedans de nous ;
Il nous précède, là où sont nos racines.

3. Saint-Exupéry, *Le petit prince*, Paris, Gallimard, 2002.

8
Éveille-toi

Une antique tradition veut que le Christ, aussitôt après sa mort sur la croix, soit descendu dans les profondeurs des *enfers* pour y réveiller Adam et Ève et les tirer à la lumière. Cette tradition peut nous aider à entrer plus à fond dans le sens de la demande de Jésus ressuscité à ses disciples : « Retournez en Galilée, c'est là que vous me retrouverez. »

Voici comment une ancienne homélie pour le samedi saint évoque et célèbre cette tradition :

> « Que se passe-t-il ? Aujourd'hui, grand silence sur la terre ; grand silence et ensuite solitude, parce que le Roi sommeille. La terre a tremblé et elle s'est apaisée, parce que Dieu s'est endormi dans la chair et il a éveillé ceux qui dorment depuis les origines. Dieu est mort dans la chair, et le séjour des morts s'est mis à trembler.
>
> C'est le premier homme qu'il va chercher, comme la brebis perdue. Il veut aussi visiter ceux qui demeurent dans les ténèbres et dans l'ombre de la mort. Oui, c'est vers Adam captif, en même temps que vers

> Ève, captive elle aussi, que Dieu se dirige, et son Fils avec lui, pour les délivrer de leurs douleurs.
>
> Le Seigneur s'est avancé vers eux, muni de la croix, l'arme de sa victoire. Lorsqu'il le vit, Adam, le premier homme, se frappant la poitrine dans sa stupeur, s'écria vers tous les autres : "Mon Seigneur avec nous tous !" Et le Christ répondit à Adam : "Et avec ton esprit." Il le prend par la main et le relève en disant : "Éveille-toi, ô toi qui dors, relève-toi d'entre les morts, et le Christ t'illuminera..."
>
> Je te l'ordonne : Éveille-toi, ô toi qui dors, je ne t'ai pas créé pour que tu demeures captif du séjour des morts. Relève-toi d'entre les morts : moi, je suis la vie des morts. Lève-toi, œuvre de mes mains ; lève-toi, mon semblable qui as été créé à mon image. Éveille-toi, sortons d'ici. Car tu es en moi, et moi en toi, nous sommes une seule personne indivisible[1]... »

Rien de plus pathétique que cette rencontre du Christ ressuscité avec le premier homme, au plus lointain de notre histoire. Rien de plus éclairant aussi que cette démarche du Christ remontant le chemin du temps pour retrouver l'homme originel, son « semblable, créé à son image », et pour le tirer à la lumière, en faisant resplendir à nouveau en lui l'image du Dieu vivant. Merveilleuse rencontre qui réveille nos enfances divines, par-delà la nuit des temps.

1. « Homélie ancienne pour le grand et saint samedi », *in La Liturgie des heures*, t. 2, p. 373-374.

En vérité, c'est en chacun de nous que le Christ ressuscité retrouve l'homme originel et qu'il rend vie à l'image de Dieu. Il y a en tout homme, quels que soient ses égarements et sa déchéance, un fond indestructible. L'image de Dieu qui constitue notre être originel peut être défigurée, enténébrée et comme ensevelie ; elle est toujours là, telle une source cachée sous un buisson de ronces ou un amas de pierraille. Cette source ne demande qu'à jaillir. « Il existe, dans la plus souillée des créatures, une indestructible enfance qui peut ressusciter[2]. »

C'est précisément cette source ensevelie que le Christ ressuscité vient réveiller en nous et rendre à la vie et à la lumière. Comment cette résurrection s'opère-t-elle ?

Contrairement à ce que l'on pourrait croire, ce réveil de l'image de Dieu en nous ne se fait pas hors du temps, dans une intériorité coupée de l'histoire, et toute repliée sur elle-même. Il est l'œuvre de l'Esprit qui nous remet en mémoire tout ce que Jésus a dit et fait, comme celui-ci l'avait promis à ses disciples (*cf.* Jn 14,26 ; 16,13-14). L'Esprit nous ramène ainsi sur les chemins de Galilée. Et là il nous apprend à regarder Jésus, dans notre histoire.

Considérons un instant cette action éclairante de l'Esprit. La première chose qu'il nous fait voir en Jésus de Nazareth, c'est assurément son humanité, cette grande humanité qui se manifestait, dès l'abord,

2. François Mauriac, *Thérèse Desqueyroux*, Paris, Grasset, 1993.

dans le regard qu'il portait sur chaque être humain, fût-il le plus humble, le plus petit, voire le plus méprisable. Un regard plein d'égards, de tendresse et de compassion. Un regard sauveur, libérateur. Tout être, conscient de sa misère, qui rencontrait ce regard, se sentait renaître ; il se voyait reconnu, aimé, réconcilié avec Dieu et avec soi-même, rendu à la lumière.

Voici un exemple, entre beaucoup d'autres, de cette grande humanité. Un jour de sabbat, Jésus enseignait dans une synagogue. Or, il y avait là une femme toute courbée, depuis dix-huit ans. Cette femme ne demandait rien. Aucune supplication de sa part. Mais Jésus l'a vue. Et son cœur s'en est ému. Une fille d'Abraham condamnée à vivre la face tournée vers la terre, sans jamais pouvoir se redresser ! Cela depuis dix-huit ans ! Une telle détresse, une telle humiliation, Jésus ne peut les supporter plus longtemps. D'autant plus que cette infirmité était alors considérée comme l'œuvre d'un esprit mauvais.

Sur-le-champ, Jésus guérit donc cette femme. En pleine assemblée et le jour du sabbat ! Indignation et protestation du chef de la synagogue qui s'écrie à l'adresse des fidèles : « Il y a six jours pour travailler. Venez donc ces jours-là vous faire guérir, et non le jour du sabbat ! » (Lc 13,14). Mais Jésus de répliquer : « Hypocrites ! Chacun de vous, le sabbat, ne délie-t-il pas de la crèche son bœuf ou son âne pour le mener boire ? Et cette fille d'Abraham que

Satan a liée voici dix-huit ans, ne fallait-il pas la délier de ce lien, le jour du sabbat ? » (Lc 13,15-16).

Telle était l'humanité de Jésus. Une humanité immense, solaire, qui transcendait toutes nos frontières sociales, politiques et même religieuses. On le voit dans l'accueil que Jésus réserve à l'officier romain, à Zachée ou à la femme syrophénicienne.

Or, en nous faisant contempler et admirer cette humanité grandiose du Maître, l'Esprit nous en révèle la source. Les actions de Jésus jaillissent d'une plénitude de bonté qui n'est pas de ce monde. Née de Dieu, cette grande forme de la Bonté porte les traits du visage du Père.

À partir de là, l'Esprit nous dévoile le mystère d'amour qui habite Jésus. Il nous introduit dans la relation intime, unique qui l'unit à Celui qu'il appelle son Père. Et nous découvrons, dans la splendeur de son humanité, l'image rayonnante du Père.

Alors peut se produire en nous le grand éveil. Celui de notre être originel. Car, en nous faisant admirer en Jésus le visage du Père, l'Esprit réveille en nous son image. Le regard contemplatif admire. Et l'admiration conduit à l'imitation. Nous devenons ce que nous contemplons. Notre cœur se libère de ses étroitesses et de ses duretés. Nous nous ouvrons à une plus grande humanité, à la grande forme de la bonté. Notre regard sur les hommes, notre vision du monde, nos jugements, nos sentiments les plus profonds, bref tout notre être intérieur se transforme dans le rayonnement de l'humanité divine du Christ.

Et ce n'est pas seulement le cœur qui change. Ce sont toutes nos relations humaines. L'image de Dieu, en grandissant en nous, tend vers l'avènement d'une nouvelle communauté humaine où il n'y aura plus de dominants et de dominés, où le pouvoir sera un service, et où tous les hommes seront frères, comme Jésus l'avait demandé à ses disciples : « Les chefs des nations leur commandent en maîtres et les grands leur font sentir leur pouvoir. Il ne doit pas en être ainsi parmi vous. Au contraire, le plus grand sera votre serviteur... C'est ainsi que le Fils de l'homme n'est pas venu pour être servi, mais pour servir... » (Mt 20,25-28).

Voilà comment l'Esprit, en nous découvrant, en Jésus, le visage du Père, fait renaître en nous son image : « Nous tous qui, le visage découvert, réfléchissons comme en un miroir la gloire du Seigneur, nous sommes transformés en cette image, allant de gloire en gloire comme de par le Seigneur, qui est Esprit » (2 Co 3,18).

Paul Claudel a évoqué cette nouvelle naissance dans sa paraphrase du Psaume 85 :

> « Au-dessous de tout cela en moi, Tu vois bien
> qu'il y a quelque chose de saint : quelque chose
> de tout petit, ô mon Dieu, qui Te regarde et qui a foi.
>
> Écoute ! Quelque chose vers Toi nuit et jour en moi
> qui ne cesse de pousser des cris ! quelque chose vers

Toi de pas fort qui essaie de se lever !

Il y a une telle soif en moi de Ta tendresse
et de Ta suavité, et de tout ce qu'on m'a raconté
de Ta miséricorde !

Regarde-moi avec Ton visage ! regarde, Père,
à l'intérieur de Ton enfant ! Ah cet enfant,
diras-Tu, ce petit enfant et l'enfant de Ma
servante[3] !

« Regarde-moi avec Ton visage ! regarde, Père, à l'intérieur de Ton enfant ! » C'est à l'intérieur de son Fils bien-aimé que le Père nous voit quand il nous montre son visage et que renaît en nous son image. Jésus avait dit aux disciples en leur annonçant sa résurrection : « Ce jour-là, vous reconnaîtrez que je suis en mon Père et vous en moi et moi en vous » (Jn 14,20). En reconnaissant, à la lumière de la résurrection, dans la figure historique de Jésus, le Fils bien-aimé, l'image parfaite du Père, nous naissons nous-mêmes à sa vie filiale.

Dans cette nouvelle naissance, nous retrouvons la part la plus profonde, la plus vraie de notre être. L'image de Dieu reprend vie en nous. Nos enfances divines ressuscitent. Ainsi Jésus ressuscité se fait reconnaître comme Seigneur et Fils de Dieu, en nous donnant, par son Esprit, d'éprouver au plus intime de notre être la puissance vivifiante de sa résurrection.

3. Paul Claudel, *Psaumes*, Paris, Téqui, 1986.

9
L'éclat de Jésus Christ

Le retour des disciples en Galilée, à la demande de Jésus, après la Résurrection, ne se limite pas, nous l'avons vu, à une démarche purement extérieure. Il ne s'agit pas seulement de revenir physiquement sur les lieux où tout a commencé. Ni pèlerinage pieux ni reconstitution historique, ce retour est essentiellement une expérience spirituelle, au sens le plus fort, c'est-à-dire une action de l'Esprit Saint au cœur des disciples.

Comme tel, ce retour intéresse tout disciple de Jésus. Il est une exigence permanente de l'expérience pascale, une condition nécessaire de la rencontre du Seigneur ressuscité. L'Esprit Saint nous ramène lui-même en Galilée, sur les chemins de Jésus, en nous remettant en mémoire tout ce qu'il a dit, fait et souffert durant sa vie terrestre. Il nous initie lui-même à la connaissance incomparable du Seigneur, en nous découvrant dans l'homme Jésus le rayonnement de la gloire du Père.

Paradoxalement, il nous découvre cette gloire dans

ce qui apparaît à un regard humain comme le plus obscur, le plus éloigné de la gloire de ce monde. Et, par là même, il nous apprend en quoi consiste la gloire divine, ce qu'elle est et quel est son ordre de grandeur.

Quelle est donc cette grandeur, cette gloire de Dieu qui brille sur la face du Christ et que seul l'Esprit Saint peut nous dévoiler ?

Pascal a écrit sur ce sujet une page célèbre :

> « Jésus-Christ, sans biens et sans aucune production au-dehors de science, est dans son ordre de sainteté, il n'a point donné d'invention, il n'a point régné ; mais il a été humble, patient, saint, saint, saint à Dieu, terrible aux démons, sans aucun péché. Oh ! qu'il est venu en grande pompe et en une prodigieuse magnificence, aux yeux du cœur et qui voient la sagesse ! [...]
>
> Il eût été inutile à Notre Seigneur Jésus-Christ, pour éclater dans son règne de sainteté, de venir en roi ; mais il y est bien venu avec l'éclat de son ordre !
>
> Il est bien ridicule de se scandaliser de la bassesse de Jésus-Christ, comme si cette bassesse était du même ordre, duquel est la grandeur qu'il venait faire paraître. Qu'on considère cette grandeur-là dans sa vie, dans sa Passion, dans son obscurité, dans sa mort, dans l'élection des siens, dans leur abandon, dans sa secrète résurrection, et dans le reste, on la verra si grande, qu'on n'aura pas sujet de se scandaliser d'une bassesse qui n'y est pas... » (Pascal, *Pensées*, Br., 793).

Il fallait que toutes nos grandeurs humaines fussent écartées et absentes de la vie de Jésus Christ

– celles de la naissance, de la richesse, du savoir et du pouvoir – pour qu'en lui apparût, dans sa pure lumière, une grandeur tout autre, infiniment supérieure, une grandeur proprement divine, manifestation de la gloire du Père.

Quelle est donc cette grandeur unique de Jésus Christ ? Pour l'apercevoir et la contempler, il est nécessaire d'entrer dans le *jour* de la Résurrection, et de revoir, à la lumière pascale, toute la vie de Jésus, cette vie sans éclat apparent, qui s'est déroulée toute proche des petits, des pauvres, des malades et des pécheurs.

Cette grandeur est la divine charité. On dit parfois : le Christ est venu dans l'humilité et la pauvreté, mais il reviendra, au dernier Jour, dans l'éclat de sa majesté et de son règne. Ce langage est impropre et, pour le moins, ambigu. Car Jésus Christ est déjà bien venu dans l'éclat de son règne qui est celui de la divine charité. Il n'y a pas, à vrai dire, d'autre éclat, d'autre règne divins que celui-là. Quand le Seigneur reviendra à la fin des temps pour juger les hommes, c'est encore l'éclat de la divine charité qui, en se manifestant, jugera le monde : et chacun de nous participera à la gloire du Christ, dans la mesure même de sa participation à sa divine charité (*cf.* Mt 25,31-46).

En voyant le Fils de Dieu venir à nous « sans faste, sans grandeur ni majesté, vêtu comme le pauvre dans son humilité », nous avons cru, selon nos critères humains, qu'il nous cachait sa grandeur et sa gloire, alors qu'il nous révélait, par ce dépouillement même, la vraie grandeur, la vraie gloire divines. Cette grandeur et cette gloire n'ont rien à voir avec nos grandeurs et nos gloires humaines. Elles consistent essentiellement dans la souveraineté d'un Amour qui ignore toutes les distances et triomphe dans la communion.

Considérant cette grandeur proprement divine, Pascal écrit : « Au lieu de vous plaindre de ce que Dieu s'est caché, vous lui rendrez grâces de ce qu'il s'est tant découvert ; et vous lui rendrez grâces encore de ce qu'il ne s'est pas découvert aux sages et aux superbes, indignes de connaître un Dieu si saint » (Pascal, *Pensées*, Br., 288). Jésus lui-même a remercié le Père d'avoir caché cela aux sages et aux doctes, et de l'avoir révélé aux tout-petits (*cf.* Lc 10,21-22). La grandeur de la divine charité échappe aux regards éblouis par les grandeurs de ce monde. Le côté caché de cette grandeur n'est que l'aspect tragique de notre aveuglement. C'est pourquoi seul l'Esprit peut nous la faire voir.

Et c'est en Jésus Christ, tel qu'il est venu et tel qu'il a vécu, que l'Esprit nous révèle la divine charité, dans toute sa vérité et dans toute sa grandeur. Prétendre connaître cette grandeur en dehors de Jésus Christ, en faisant abstraction de sa vie, de sa mort et de sa résurrection, c'est se tromper sur la nature même de cette grandeur. Elle ne se laisse pas détacher de sa personne.

On caricature la charité, quand on la réduit à cette forme de pitié qui nous porte *à faire la charité*, comme l'on dit parfois. Ou bien quand on l'assimile purement et simplement à la solidarité, comprise d'une manière horizontale. Seul Jésus Christ, le Fils unique de Dieu, peut nous la faire connaître dans son authenticité et toute sa splendeur. C'est de lui qu'il faut apprendre ce qu'est la divine charité, cette unique grandeur divine.

Contemplons-la donc dans le Christ, à la lumière de l'Esprit.

Un amour essentiellement sauveur

La divine charité qui brille dans la vie de Jésus, dans ses actes comme dans ses paroles, apparaît comme un amour essentiellement miséricordieux et sauveur. Par-delà le péché des hommes, cet amour voit leur misère, leur détresse. Il veut les arracher à leur déchéance, les libérer et les faire grandir. Les rendre à leur noblesse, à leur vocation humaine et transcendante. Bref il veut les ouvrir à la vie en plénitude, dans la communion avec Dieu et avec tous leurs frères. C'est un amour essentiellement sauveur. « Le Fils de l'homme est venu chercher et sauver ce qui était perdu » (Lc 19,10).

Un amour universel

Cet amour sauveur s'étend à tous les hommes. Il ne laisse personne de côté. Il ne se limite pas à une race, ni à une nation, ni à une classe sociale. Il veut sauver tous les hommes. Et tout l'homme, corps et âme. C'est un amour universel qui s'offre à tous, même aux ennemis.

L'amour des ennemis ! Voilà sa marque royale et proprement divine. « Aimez vos ennemis, dit Jésus, faites du bien à ceux qui vous haïssent... Que si vous aimez ceux qui vous aiment, quel gré vous en saura-t-on ? Car même les pécheurs aiment ceux qui les aiment. Et si vous faites du bien à ceux qui vous en font, quel gré vous en saura-t-on ? Même les pécheurs en font autant... Au contraire, aimez vos ennemis, faites du bien et prêtez sans rien en attendre en retour [...] et vous serez les fils du Très-Haut, car il est bon, Lui, pour les ingrats et les méchants » (Lc 6,27-35). « Aimez vos ennemis... afin de devenir fils de votre Père qui est aux cieux [...]. Soyez parfaits comme votre Père céleste est parfait » (Mt 5,44-48).

Et Jésus donne l'exemple. N'est-il pas l'image parfaite du Père ? Tout ce qu'il voit faire au Père, il le fait. Il livre sa vie pour ceux-là mêmes qui le haïssent et le font mourir. Contemplant cette mort, saint Paul écrit : « Il est mort pour des impies ; à peine voudrait-on mourir pour un homme juste. Peut-être oserait-on mourir pour un homme de bien. Mais la preuve que Dieu nous aime, c'est que le Christ est mort pour nous, alors que nous étions encore pécheurs » (Rm 5,6-8). L'amour des ennemis manifeste, dans tout son éclat, la gratuité absolue de la divine charité.

Un amour créateur

La divine charité qui rayonne de la personne de Jésus est un grand souffle de vie, une force de résurrection. On le voit, tout au long des évangiles. Jésus guérit, pardonne, relève, ressuscite. Ses paroles sont des appels à la vie : « Lève-toi et marche » (Mt 9,5). « Suis-moi et laisse les morts enterrer leurs morts » (Mt 8,22). « Le Dieu d'Abraham, le Dieu d'Isaac et le Dieu de Jacob, ce n'est pas le Dieu des morts mais des vivants » (Mt 22,32). « Je suis la résurrection et la vie » (Jn 11,25).

Ce dynamisme créateur de la charité qui s'affirme tout au long de la vie de Jésus se déploie avec éclat dans sa propre résurrection. L'amour se révèle ici plus fort que la mort. Dans cette victoire triomphe la puissance vivifiante de la divine charité. Elle apparaît comme la grande force créatrice. Créatrice de l'Homme nouveau.

La charité, telle qu'elle se manifeste dans la vie, la mort et la résurrection de Jésus, est vraiment *résurrection et vie*. Et tous ceux qui s'ouvrent à son souffle en font eux-mêmes l'expérience : ils deviennent des hommes nouveaux. La divine charité les fait passer de la mort à la vie : elle en fait des créatures nouvelles.

C'est ainsi que l'Esprit, en nous faisant revenir sur les traces de Jésus, nous découvre, dans la lumière de Pâques, la grandeur proprement divine de la charité en laquelle réside tout l'éclat de Jésus Christ.

En vérité, la force créatrice de la charité qui est à l'œuvre dans la vie du Christ et qui se manifeste avec éclat dans sa résurrection, n'est autre que celle qui est à l'origine de tout ce qui existe. De part et d'autre, c'est le même amour créateur, comme le reconnaît saint Paul : « Le Dieu qui a dit "Que des ténèbres resplendisse la lumière", est Celui qui a resplendi dans nos cœurs, pour faire briller la connaissance de la gloire de Dieu qui est sur la face du Christ » (2 Co 4,6).

La gloire qui resplendit sur la face du Christ ressuscité est précisément l'éclat de cet amour créateur. Déjà à l'œuvre dans la création du monde, il se manifeste pleinement dans la création de l'Homme nouveau. Jésus Christ est la révélation, *en ces temps qui sont les derniers*, d'un mystère d'amour qui est à l'origine de tout ce qui existe.

Un amour divinisant

La résurrection de Jésus vient donc éclairer le dessein créateur. Elle en dévoile l'intention première et le sens ultime. Dans le Ressuscité de Pâques émerge au grand jour l'impulsion qui vient du fond : l'élan d'un amour créateur et divinisant. Le « Premier-né d'entre les morts » révèle le « Premier-né de toute créature ». Il est l'Homme dans sa splendeur originelle, l'Homme tel que Dieu l'a voulu avant même la création du monde, l'Homme conçu pour une communion de vie avec Dieu, dans la joie divine d'exister.

Uni d'une manière ineffable à la personne du Fils éternel, Jésus de Nazareth, vrai homme et vrai Dieu, est, dans notre histoire, la manifestation et la réalisation plénières de ce grand dessein créateur. En lui, nous découvrons que l'amour divin qui nous a créés est aussi et avant tout un amour divinisant : un amour qui crée des êtres en vue de se communiquer à eux et de former avec eux une véritable communion de vie.

En Jésus Christ, toute l'humanité accède à la filiation divine. En lui, nous sommes tous appelés, avant même l'aube des temps, à partager la Plénitude du Fils bien-aimé, « afin qu'il soit l'aîné d'une multitude de frères » (Rm 8,29).

Dans sa Lettre aux Éphésiens, saint Paul rend grâce à Dieu pour ce grand dessein révélé en Jésus ressuscité :

> « Béni soit le Dieu et Père de notre Seigneur Jésus Christ,
> Qui nous a bénis par toutes sortes de bénédictions spirituelles, aux cieux, dans le Christ.

C'est ainsi qu'il nous a élus en lui, dès avant la fondation du monde,
pour être saints et immaculés en sa présence, dans l'amour,
déterminant d'avance que nous serions pour Lui des fils adoptifs par Jésus Christ.
Tel fut le bon plaisir de sa volonté, à la louange de gloire de sa grâce,
dont Il nous ont gratifiés dans le Bien-aimé... » (Ep 1,3-6).

Ce grand dessein qui s'est heurté au péché de l'homme s'est réalisé, malgré tout, en Jésus de Nazareth. Car « en lui nous trouvons la rédemption, par son sang, la rémission des fautes, selon la richesse de sa grâce, qu'Il nous a prodiguée, en toute sagesse et intelligence... » (Ep 1,7-8). « Dieu, qui est riche en miséricorde, à cause du grand amour dont Il nous a aimés, alors que nous étions morts par suite de nos fautes, nous a fait revivre avec le Christ... » (Ep 2,4-5).

Par sa vie, sa mort et sa résurrection, Jésus a rendu vie et splendeur au projet originel. C'est bien en Lui que nous avons été appelés, aimés, par le Père, avant même la création du monde. Et le monde lui-même a été voulu pour porter ce grand dessein d'amour. En Jésus, « premier-né de toute créature, toutes choses ont été créées, dans les cieux et sur la terre, les visibles et les invisibles... Tout a été créé par et pour lui. Il est avant toutes choses et tout subsiste en lui... » (Col 1,15-17).

L'Homme-Dieu, en qui nous sommes appelés, de toute éternité, à la vie divine, est le chef-d'œuvre de l'Amour créateur.

Ainsi, à la lumière du Christ ressuscité, la création tout entière se découvre à nous dans la plénitude de son sens. Le mystère pascal nous ouvre au mystère du monde. Loin d'être un simple épisode dans le déroulement des temps, le Christ en est la clé. Il en est l'alpha et l'oméga, le commencement et la fin. En lui, tout est ordonné à une communion de vie avec Dieu, dans la splendeur de la divine charité. « Dieu s'est plu à faire habiter en lui toute la Plénitude et par lui à réconcilier tous les êtres pour lui, aussi bien sur la terre que dans les cieux, en faisant la paix par le sang de sa croix » (Col 1,19-20).

Tel est l'éclat de Jésus Christ. « Et nous tous qui, le visage découvert, réfléchissons comme en un miroir la gloire du Seigneur, nous sommes transformés en cette même image, allant de gloire en gloire, comme de par le Seigneur, qui est Esprit » (2 Co 3,18).

Conclusion

Sur nous, Seigneur,
que s'illumine ton visage !
(Psaume 4,7)

Dans notre monde qui se dit « postchrétien », il est de bon ton de s'interroger sur l'avenir du christianisme. Une interrogation qui d'ailleurs laisse entendre que la question ne se pose même plus.

Les personnes qui posent une telle question seraient très étonnées si on leur demandait à brûle-pourpoint : « Qui est pour vous le Christ ? L'avez-vous déjà rencontré dans votre vie ? Le connaissez-vous ? Avez-vous déjà brûlé du feu qu'il est venu apporter sur la terre ? » (Lc 12,49).

Elles répondraient vraisemblablement : « Que sait-on de lui ? Peu de chose. Les historiens anciens ont à peine retenu son nom. Les évangiles sont des professions de foi ; ils ne nous font pas connaître le Jésus de l'histoire. »

Cette réponse nous fait toucher du doigt le problème majeur du christianisme, aujourd'hui. Ce problème est celui de l'appauvrissement de la figure historique du Christ dans notre culture hypercritique et agnostique. On retient encore certains aspects des évangiles. Mais la personne de Jésus est reléguée dans l'ombre. Elle est remplacée par l'idée des valeurs évangéliques, telles que la fraternité ou la solidarité, comprises d'ailleurs le plus souvent d'une manière horizontale, purement humaniste.

Comment une figure du Christ aussi pauvre, aussi peu vivante, peut-elle encore attirer et entraîner les hommes ? Et surtout comment un Jésus aussi appauvri peut-il être regardé comme l'unique médiateur entre Dieu et les hommes, le Sauveur du monde ? Comment voir en lui le Révélateur du Père et de la vie divine offerte aux hommes, et le Rassembleur de tous les hommes dans une même communion divine ?

Quant au message évangélique interprété indépendamment de la personne historique de Jésus, il s'en trouve lui aussi très appauvri. Ce n'est plus le vrai message du Seigneur, entendu dans sa profondeur et son originalité. Prenons, comme exemple, le commandement de l'amour fraternel. Jésus ne dit pas seulement : « Aimez-vous les uns les autres », mais « Aimez-vous les uns les autres, *comme je vous ai aimés* » (Jn 13,34 ; 15,12). On ne peut comprendre vraiment le commandement de l'amour, dans sa nouveauté et sa profondeur, en dehors du mystère d'amour révélé dans la personne de Jésus. Le christianisme perd son identité en perdant de vue la personne de Jésus. Il n'est plus alors qu'une vague religion de la fraternité humaine.

Qui nous rendra le beau visage du Christ ? Sommes-nous condamnés à contempler le tombeau vide ? Ou le ciel vide de l'Ascension ? Mais le Seigneur ne nous a pas dit : « Cherchez-moi dans le vide » (Is 45,19) ; il a dit à ses disciples : « Retournez en Galilée, c'est là que vous me reverrez » (Mt 28,10).

En Galilée, c'est-à-dire là précisément où s'est déroulé son humble parcours terrestre. La rencontre du Christ pascal ne se fait pas en dehors de l'histoire. Ce n'est pas une expérience subjective, désincarnée. Elle est un éclairage de l'histoire, dans la lumière de l'Esprit. Ici le regard de l'historien, si nécessaire qu'il soit, ne suffit pas. Seul l'Esprit qui a ressuscité Jésus peut nous révéler le mystère d'amour qui habitait le Fils de l'homme et nous dire qui est Jésus de Nazareth. Lui seul peut nous faire voir, dans l'obscurité de sa vie, l'éclat d'un Amour transcendant, le point culminant de la communication de Dieu au monde, en même temps que la révélation de notre véritable humanité.

C'est, en effet, la mission propre de l'Esprit de nous rappeler le cheminement historique de Jésus et de nous dévoiler, dans ce Fils de l'homme si obscurément proche de nous, le Fils de Dieu, à qui le Père a donné son Esprit en plénitude. Il nous découvre dans le Jésus de l'histoire, le Seigneur de la gloire, en nous révélant sa vraie grandeur, celle de la divine charité.

De quel secours serait pour nous la contemplation du Christ glorifié, si cette gloire devait le couper de nous, le désincarner en quelque sorte, en le rendant étranger à notre tragédie humaine ? Les grandes images de l'Apocalypse qui nous représentent le Christ éternel comme « le Premier et le Dernier, le Vivant... détenant la clef de la mort et de l'Hadès » (Ap 1,17-18), ne peuvent nous faire oublier que le Seigneur de la gloire sera jusqu'à la fin des temps « l'Agneau immolé », et que c'est à ce titre seulement qu'il peut ouvrir le Livre scellé (Ap 5).

D'autre part de quel secours serait pour nous la simple mémoire de Jésus de Nazareth, si cette mémoire n'était éclairée de l'intérieur, illuminée par la lumière pascale ?

Tel est, semble-t-il, le sens du retour en Galilée, au lendemain de Pâques, de ce rendez-vous pascal que Jésus fixa aux disciples. Il voulait ainsi leur montrer que la gloire de Dieu dans laquelle il venait d'entrer n'était autre que l'éclat de cette divine charité qui l'avait conduit tout au long de son chemin sur la terre, jusqu'au don suprême de sa vie ; et que cette vie donnée, plus forte que la mort, était la vie même de Dieu, offerte aux hommes.

Ce retour en Galilée ne saurait donc être assimilé à un repli affectif sur la petite patrie. Il ne s'agit aucunement d'un retour nostalgique à l'intimité des commencements. Bien au contraire, c'est un nouveau départ. Célébrer la Pâque du Seigneur en

Galilée, c'est s'ouvrir au grand dessein d'amour de Dieu sur le monde.

Le choix de la Galilée par Jésus ressuscité comme lieu des retrouvailles avec les disciples est, en effet, hautement significatif. Revenir dans la *Galilée des nations*, c'est prendre toute la mesure du mystère de Jésus, en s'ouvrant à l'universalisme de la Bonne Nouvelle : « De toutes les nations, faites des disciples » (Mt 28,19). « Proclamez l'Évangile à toute la création » (Mc 16,15). C'est la mission que le Ressuscité donne à ses disciples.

La rencontre du Christ pascal en Galilée ouvre donc la voie à une expérience du mystère de Jésus où la communion la plus intime à sa personne va de pair avec la communion la plus grande au monde. C'est là une expérience propre à répondre à l'attente spirituelle de notre temps.

On assiste aujourd'hui à un réveil de la spiritualité qui, même sous ses formes déviées, exprime une aspiration latente de notre temps. Ce *signe des temps* nous interroge sur notre capacité à offrir au monde une véritable expérience mystique du Christ.

Autrefois, dans la formation chrétienne des jeunes, on mettait l'accent sur l'imitation morale du Christ : Jésus était présenté comme le modèle de la perfection, comme le chemin à suivre. À cette approche morale s'ajoutait, bien sûr, un enseignement doctrinal qui précisait ce qu'il fallait croire concernant la double nature, humaine et divine, du

Seigneur, son unique personne et sa mission rédemptrice, etc.

Ces deux approches morale et dogmatique sont toujours nécessaires ; mais elles sont loin d'épuiser l'insondable richesse du Christ. Et surtout elles laissent le mystère de Jésus à l'extérieur de nos vies ; elles le font simplement entrevoir comme un idéal moral jamais atteint ou comme une vérité transcendante reçue de l'extérieur. Ni l'une ni l'autre de ces approches ne peut satisfaire une soif spirituelle qui appelle une véritable expérience de communion.

La rencontre pascale du Christ en Galilée constitue, par contre, une authentique approche mystique. Sous l'action de l'Esprit Saint, nous découvrons, dans l'humanité même du Christ historique, la révélation d'un Amour transcendant, rayonnant de vie éternelle et qui s'offre à nous gratuitement. En accueillant cet Amour, nous communions à une plénitude de vie qui, en même temps qu'elle nous exalte et nous recrée dans notre être le plus personnel, nous ouvre à l'immensité du monde. Une telle expérience nous fait toucher le fond des choses : elle nous fait voir que nous sommes portés, enveloppés par un Amour qui est à l'origine de tout et qui n'a d'autre volonté que de nous communiquer sa vie, sa sainteté, sa joie et sa gloire.

Il y aura encore et toujours des nuits sur notre terre. Des nuits d'angoisse et de détresse, à perdre cœur. Mais rien, absolument rien ne pourra nous séparer du mystère d'amour qui s'est révélé dans notre histoire, en Jésus Christ. Ce mystère est là sous nos yeux, « comme une lampe brillante dans la nuit » (2 P 1,19). Il suffit de le regarder pour que l'aube de Pâques, avec son éclat, sa splendeur et sa gloire, se lève dans nos cœurs.

> « Jésus Christ est le même
> hier et aujourd'hui,
> il l'est pour l'éternité » (He 13,8).

Tel il fut dans son « avènement de douceur », tel il est dans sa gloire. Vrai Fils de Dieu, il est et il sera éternellement le fils de Marie, le messie des humbles, notre frère au regard merveilleusement humain. Et la gloire dont rayonne son visage d'éternité n'est autre que l'éclat de l'Amour souverain dont il est venu accomplir le dessein créateur et divinisant, en ouvrant l'humanité tout entière à la communion divine.

Table

Achevé d'imprimer le 17 juillet 2015
sur les presses de
La Manufacture - Imprimeur – 52200 Langres
Tél. : (33) 325 845 892

N° imprimeur : 150577 - Dépôt légal : janvier 2010
Imprimé en France